Manuel Gasser, schon durch sein Köchel-Verzeichnis (it 96) bekannt und beliebt, stellt diesmal die Küche seiner Tante Mélanie vor.
Er gibt in siebenundzwanzig Kapiteln einen repräsentativen Querschnitt durch die französische Hausmannskost. Was an diesem neuen Kochbuch besticht, ist die fachliche Qualität der »Tante«. Die Kochanleitungen sind zahlreicher und genauer. Daneben werden eine Reihe von nützlichen Tips gegeben. Auch die Systematik der »Tante Mélanie« unterscheidet sich von der des »Köchel-Verzeichnisses«. Die Überschriften der Kapitel stellen den Oberbegriff für die folgenden Rezepte dar. Unter ihnen gibt es so einladende wie: »Das Schwein im Sahnebad«, »Professor Reis«, »Die Zarten aus dem Garten« und viele andere mehr. »Das »Köchel-Verzeichnis« handelt nicht nur von Kunst, sondern ist selber ein kleines Kunstwerk.« *Der Landbote/Winterthur*
Boris von Borodine ist 1928 in Odessa geboren. Er lebt seit 1947 in Paris. Ecole des Beaux Arts. Mitarbeiter an verschiedenen französischen Zeitschriften.

insel taschenbuch 192

Manuel Gasser

Die Küche meiner Tante Mélanie

Manuel Gasser
Die Küche meiner Tante Mélanie
Französische Hausmannskost von Anno dazumal

Mit Illustrationen von Boris von Borodine

Insel Verlag

insel taschenbuch 192
Zweite Auflage 18.–25. Tausend 1980

Vertrieb durch den Suhrkamp Taschenbuch Verlag
Umschlag nach Entwürfen von Willy Fleckhaus
Satz: Weihrauch, Würzburg
Druck: Konkordia GmbH, Bühl/Baden
Printed in Germany

Für Mélanie Cartier-Bresson

Meine Tante Mélanie. Meine Tante Mélanie stammte aus Bourg-en-Bresse im französischen Departement Ain. Onkel Alphons hatte sie während seines Pariser Jahres, das er als junger Ingenieur absolvierte, kennengelernt und heimgeführt. Das Paar ließ sich in L., einem kleinen Dorf des Bernischen Mittellandes, nieder; Onkel Alphons betrieb dort eine Schraubenfabrik.

Onkel und Tante bewohnten ein weitläufiges Haus aus der Biedermeierzeit. Vor der Südfront des Hauses lag ein großer Garten, in dessen Mitte ein Springbrunnen plätscherte. Der Garten war den Blumen und den Küchenkräutern vorbehalten; das Gemüse zog man auf dem sogenannten »Pflanzblätz«, der am Rand einer Wiese unweit des Hauses angelegt war.

Tante Mélanie hatte sich nie ganz in ihre alemannische Umgebung eingewöhnt. Zwar sprach sie ein ziemlich korrektes Deutsch, doch vermischte sie dieses dauernd mit französischen Brocken. Zu ihrer angeheirateten Verwandtschaft hielt sie immer eine gewisse Distanz; diese wiederum fand, Mélanie sei hochfahrend und herrschsüchtig. Niemand jedoch machte ihr den Titel der besten Köchin in der ganzen Sippe streitig.

Dabei entsprach Mélanies Äußeres keineswegs dem, was man sich unter einer Musterköchin vorstellt. Sie war weder rundlich noch von sanguinischer Wesensart, sondern im Gegenteil lang und mager wie eine Bohnenstange, und ihre Nase war so spitz wie ihr Witz. Ihre Urteile waren apodiktisch, und besonders in Küchendingen duldete sie keinen Widerspruch.

Eines ihrer Axiome lautete: *Sans jus de viande, il n'est pas de bonne cuisine!* Was besagen wollte: Es gibt keine gute Küche ohne selbstgemachten Fleischextrakt. Um die Vorteile des jus de viande zu unterstreichen, fügte sie hinzu: Einige Leute kochen mit Wasser, andere mit Fleischbrühe. Natürlich ist Fleischbrühe besser als Wasser, das einzig Richtige aber ist jus de viande; denn zwischen diesem und Fleischbrühe ist der Unterschied ebenso groß wie zwischen der letzteren und Wasser.

Sie verwendete jus de viande fast täglich und für die verschiedensten Gerichte: für Braten, Ragoûts und Gemüse, für Aspik und vor allem für braune Saucen, in deren Herstellung sie exzellierte und von denen noch die Rede sein wird. Hier ihr Rezept für **Jus de viande - Fleischextrakt:**

2 kg Rindfleisch in grobe Würfel geschnitten, 1 kg Kalbshaxe, zwei zerhackte Suppenhühner, eine Karotte, acht ganze Zwiebeln, einige Zehen Knoblauch, drei Gewürznelken, ein Lorbeerblatt, ein bouquet garni (Petersilie und Thymian), Salz und frisch zerstoßene weiße Pfefferkörner werden in einem Topf mit 3½ l kaltem Wasser während acht Stunden gekocht, während man von Zeit zu Zeit das Fett abschöpft. Man nimmt den Topf vom Feuer und läßt ihn erkalten. Anderntags setzt man den Jus wieder auf und fügt ihm das Weiße von acht Eiern samt den dazugehörigen Schalen sowie den Saft einer Zitrone bei; diese Prozedur dient zur Klärung des Jus. Man rührt mit einem Schneebesen gut durch, gießt ein Glas kaltes Wasser dazu, läßt noch einmal aufkochen und gießt die Flüssigkeit noch heiß durch ein Haarsieb. Was im Sieb zurückbleibt, wird in den Topf zurückgetan und wieder mit 3½ l Wasser begossen, das aber in diesem Fall heiß sein muß. Die Prozedur wiederholt sich, so daß man ein zweites Quantum Jus erhält, der allerdings weniger gehaltvoll als der erste und auch etwas trübe ist, sich aber für die Herstellung von Saucen vorzüglich eignet.

Tante Mélanie haßte es, wenn ihre Schwägerinnen oder Nichten in die Küche eindrangen und ihr beim Kochen zusahen. Nur mit mir machte sie eine Ausnahme, und als ich ungefähr zehn Jahre alt war, wurden mir sogar kleine Handreichungen wie Zwiebelschneiden und Gemüsehacken übertragen; als ich mich dabei nicht ungeschickt anstellte, durfte ich mich auch an Schwierigeres wagen wie etwa die Zurichtung von **lardons**, jener Spickspeckriemchen, die stets auf Vorrat gemacht wurden, weil sie einige Tage an der Luft oder im Rauch hängen mußten, bevor sie die Tante mit einer ihrer vielen verschieden dicken Spicknadeln einem Hasenrücken oder einem Rindsbraten einverleibte.

Weniger Geschick verlangte eine andere Hilfeleistung, zu der ich immer dann zugezogen wurde, wenn sie eine **liaison au beurre manié** vornahm, das heißt eine Sauce mit Mehlbutter binden wollte **Beurre manié - Mehlbutter:**

Man nimmt 20 g Mehl und 25 g frische Butter und vermengt beides mit Hilfe einer Gabel in einem Suppenteller oder am Rand einer Schüssel zu einer gleichmäßigen Paste. Diese wird in gleichmäßige, längliche Klößchen geformt, die nicht größer als Bohnenkerne sein sollten, damit sie sich in der

Sauce gleichmäßig auflösen. Die Mehlbutter-Bohnen werden aufs mal in die kochende Sauce gegeben, worauf man die Pfanne vom Feuer zieht und einige Male kräftig rüttelt und schüttelt. Die Sauce darf nach Beigabe der Mehlbutter nicht mehr kochen, sondern nur noch ganz leise simmern, da sie sonst einen unangenehmen Mehlgeschmack erhält.

Etwas später durfte ich dann selber an den Herd, wenn es galt, mit Mehl und Butter einen **roux**, eine Mehlschwitze zu rösten.

Tante Mélanie machte den **roux** immer auf Vorrat, weil sie der Ansicht war, daß dieses Bindemittel in den winzigen Quantitäten, die eine Sauce erfordert, gar nicht hergestellt werden könne. In ihrer Küche gab es darum drei hermetisch verschlossene Blechbüchsen, in denen die drei klassischen Varianten von **roux** aufbewahrt wurden. So bereitete man bei ihr **Roux blanc, roux blond, roux brun – Weiße, gelbe und braune Mehlschwitze:**

Bei allen drei Arten ist es wichtig, daß sie auf ganz kleinem Feuer zubereitet werden. (Bei Tante Mélanie geschah dies auf dem heißen Rand des Holzherdes.) In jedem Fall braucht es gleich viel Butter wie Mehl. Das Mehl wird beigefügt, bevor die Butter ganz geschmolzen ist. Dann rührt man ohne Unterlaß, bis der gewünschte Röstgrad erreicht ist. Beim roux blanc dauert das nur 1 - 2 Minuten, denn er soll keine Farbe annehmen, sondern nur den Geschmack des rohen Mehls verlieren. Der roux blond soll strohgelb sein, der roux brun hingegen nicht dunkler werden als haselnußfarbig; auch er muß auf gelindem Feuer geröstet werden. Um eine schöne Färbung zu erreichen, gibt man beim roux brun etwas Zucker bei. Die so zubereiteten Mehlschwitzen können acht bis zehn Tage aufbewahrt werden.

Kalte und warme Hors-d'œuvre. Das Mittagessen begann bei Tante Mélanie regelmäßig mit einem Hors-d'œuvre. Diese Vorspeise wurde, was Geschmack und Konsistenz anbelangte, sorgfältig auf das ihr folgende Hauptgericht abgestimmt. War dieses auf der üppigen Seite, so erschien als erster

Gang lediglich eine **assiette de crudités**, eine Platte mit Rohgemüsen. Hier Tante Mélanies Standardprogramm, **L'assiette de crudités – Teller mit Rohgemüsen:**

Man bereitet eine Vinaigrette mit viel Öl, wenig Essig, etwas Moutarde de Dijon (Weinsenf), Salz und

Pfeffer. Mit dieser Sauce wird nachher jede der sieben crudités beträufelt.

1. Tomaten. Man befreit sie von Kernen und Saft, schneidet sie in ganz dünne Scheiben und bestreut sie mit Dill oder Petersilie. 2. Champignons, roh und hauchdünn geschnitten. 3. Karotten. Sie werden auf dem Gemüsehobel gescheibelt und können, statt mit Vinaigrette, mit Sahne befeuchtet werden. 4. Rotkraut. Es wird fein gehobelt und entweder roh verwendet oder während einer Minute in sprudelndes Salzwasser getaucht. 5. Fenchelknollen. Sie werden fein tranchiert. 6. Gurken. Man hobelt sie und macht sie entweder mit Vinaigrette oder mit saurer Sahne an. 7. Bleichsellerie. Man wäscht den Sellerie gründlich, entfernt die Wurzel so, daß die Stangen noch zusammenhängen und stellt diese in einem hohen Glas auf den Tisch.

Je nach Jahreszeit wurde die Zusammenstellung der crudités abgewandelt. War kein Bleichsellerie zur Hand, so wurde er ersetzt durch **Céleri-rave en remoulade – Selleriewurzel in Senfsauce:**

Die rohe Selleriewurzel wird auf dem Gemüseeisen in feine Riemchen geschnitten, mit etwas Salz und Essig vermischt und beiseite gestellt. In einem Schüsselchen werden zwei Eßlöffel scharfer Senf, eine Prise Pfeffer, zwei Prisen Salz mit zwei Eßlöffeln Essig gut verrührt. Dann fügt man in kleinen Quantitäten und unter ständigem Rühren eine Tasse Öl hinzu. Mit dieser Sauce wird der Sellerie gut vermischt und vor dem Auftragen mit feingehackten Kräutern bestreut.

Im Winter pflegte Tante Mélanie die eine oder andere crudité durch eine Vorspeise aus roten

Beeten (Randen) zu ersetzen oder diese auch als einzige Vorspeise aufzutragen. **Betteraves à la crème – Rote Beeten mit Senfsauce:**

Die gekochten roten Beeten werden geschält, in nicht zu dünne Scheiben geschnitten und auf einer flachen Schüssel verteilt. Dann rührt man aus drei Eßlöffeln scharfem Senf und zwei Eßlöffeln süßer Sahne, dem Saft einer Zitrone, Salz und Pfeffer eine Sauce, die man gleichmäßig über die roten Beeten gießt. Zwei hartgekochte Eier werden fein gehackt, mit etwas geriebenem Meerrettich vermischt und über den Salat gestreut.

Bestand das Hauptgericht aus einem Fischgericht, so reichte Tante Mélanie außer den crudités einen Teller mit aufgeschnittenem **saucisson d'Arles** (die französische Spielart des italienischen Salami), Rohschinken, kaltem Braten oder hauchdünn geschnittenem, luftgetrocknetem Rindfleisch. War hingegen Braten zu erwarten, so wurde der Fleisch- durch einen Fischteller ersetzt, auf dem Ölsardinen, Thon, Sardellen und hartgekochte, halbierte Eier figurierten, deren Dotter entfernt, mit Sardellenbutter vermischt und wieder eingefüllt wurden. Oder sie entsteinte sorgfältig grüne Oliven und stopfte sie mit etwas Sardellenbutter. Auch unterließ sie es nie, zum kalten Hors-d'œuvre ein Tellerchen mit feingehackten Zwiebeln zu reichen.

Im Sommer erschien auf Tante Mélanies Tisch als einzige Vorspeise oft eine **Salade niçoise** oder die aus Nizzas Nachbarstadt Antibes stammenden **Tomates à l'antibonoise. Salade niçoise:**

Grüne Bohnen und Kartoffeln werden separat in Salzwasser gargekocht und beides in kleine Wür-

felchen geschnitten. Dazu kommen ebenfalls kleingewürfelte, entkernte und geschälte Tomaten, Kapern, entkernte, schwarze Oliven und Sardellenfilets. Das Ganze wird wie ein Salat angemacht und vor dem Servieren mit gehacktem Estragon bestreut.

Im Hochsommer wurde die **Salade niçoise** gelegentlich zum Hauptgericht erhoben. Dann gab die Tante den erwähnten Ingredienzen eine große Büchse Thon und für jeden Esser zwei hartgekochte, gevierteilte Eier bei.

Tomates à l'antibonoise:

Diese Vorspeise ist der Salade niçoise nah verwandt, doch tritt hier die Tomate als einziges Gemüse auf. Man rechnet pro Person zwei nicht zu große Tomaten, die man schält, entkernt, in Scheiben schneidet und einige Stunden in Essig und Öl einlegt.

Man bereitet eine Mayonnaise, der man vier hartgekochte, feingehackte Eier beigibt, sowie den zerpflückten Inhalt einer Büchse Thon, vermischt alles mit einem Eßlöffel Kapern, ebensoviel gehackter Petersilie, Kerbel und Estragon, gießt diese Masse über die Tomaten und dekoriert mit dünngeschnittenen Zitronenscheiben.

Im Winter ging Tante Mélanie von den kalten Vorspeisen zu warmen, zu **hors-d'œuvres chauds,** über. Das Merkmal dieser Gerichte bestand darin, daß sie stets in Miniaturformat auf den Tisch kamen. Der übliche Käseauflauf wurde in kleinen, feuerfesten Förmchen zubereitet, und anstelle der großen, gefüllten Pfannkuchen gab es kleine, taschenförmige Pfannküchlein, die mit gedämpften Champignons gefüllt und im Ofen überbacken wurden.

Oder die Tante richtete die in Butter geschmorten, mit Zwiebeln und etwas Knoblauch gewürzten Pilze auf kleinen, gerösteten Brotschnitten an; sie machte aus gehacktem Kalb- und Schweinefleisch, Rindermark, Schalotten, Knoblauch, zwei Eiern und etwas Mehl eine Paste, formte diese in winzige Würstchen, die zehn Minuten in Salzwasser gekocht und als **Quenelles de viande** mit einer Pilzsauce aufgetischt wurden. Zu diesen Miniatur-Gerichten, die nicht sättigen, sondern im Gegenteil den Appetit anregen sollten, zählten auch die gefüllten Zwiebeln. Hier das Rezept; **Oignons farcis - Gefüllte Zwiebeln:**

Pro Person werden zwei mittelgroße Zwiebeln geschält und aus jeder eine kleine Höhlung ausgehoben. Man bereitet eine Farce aus feingehackten Braten- oder Siedfleischresten, die man gut mit Salz, Pfeffer, gehackter Petersilie, Muskatnuß und geriebenem Käse durchknetet. Eine Kasserolle oder ein feuerfestes Geschirr wird mit dünngeschnittenen Speckscheiben ausgelegt, auf die man die gefüllten Zwiebeln so verteilt, daß sie sich nicht berühren. Man schmort zugedeckt oder im Ofen, wobei man die Zwiebeln von Zeit zu Zeit mit etwas Fleischbrühe beträufelt, damit sie nicht austrocknen.

Am Samstag gab es Pot-au-feu. Samstags gab es bei Tante Mélanie immer Pot-au-feu – gesottenes Rindfleisch; darauf konnte man zählen wie auf das Amen in der Kirche.

Wenn die Rede auf dieses Gericht kam, pflegte die Tante an den Pot-au-feu ihrer Mutter selig zu

erinnern. Dieser verlangte eine Prozedur, die von morgens zehn Uhr bis Sonnenuntergang dauerte und im wesentlichen darin bestand, daß man dem Suppentopf, der zehn Liter faßte, nacheinander Rindsknochen, drei Kilo Rindfleisch, zwei Suppenhühner, Zwiebeln, Knoblauch, Sellerie, Karotten und weiße Rüben (navets) beigab und alles sechs Stunden lang kochen ließ. Dann legte man ein Kilo Rindsfilet (oder mehr) in die Suppe, ließ weitere zwei Stunden köcheln und trug schließlich nur die Brühe und das Filet auf; was mit dem übrigen Fleisch und den Gemüsen geschah, sagte sie nicht.

Diese Methode verwarf Tante Mélanie als verschwenderisch und veraltet. Bei ihrem Pot-au-feu ging nichts verloren, aber auch er bedingte, daß die Köchin schon früh um acht am Herde stand, wenn der Suppentopf pünktlich um halb eins aufgetragen werden sollte. Wozu allerdings zu sagen ist, daß sich nach der ersten Hauptaktion, dem Zurüsten der Gemüse und dem Abschäumen, eine lange Pause einschob, während welcher lediglich das gleichmäßige Köcheln der Suppe überwacht werden mußte.

Die Sorgfalt, die die Tante ihrem Pot-au-feu widmete, erwies sich schon beim Einkauf des Fleisches. Ich durfte sie auf ihrem Gang zum Metzger begleiten und staunte jedesmal von neuem über den Aufwand an Zielstrebigkeit und Koketterie, den sie dem guten Mann gegenüber an den Tag legte. Sie ließ sich fünf, sechs verschiedene Rindfleischstücke zeigen und entschied sich je nachdem für einen einzigen großen Brocken oder aber für zwei, drei kleinere Abschnitte. Auch deckte sie sich mit einem Kilo Rindsknochen und mit doppelt sovielen Markbeinrondellen ein, als Esser zu erwarten waren. (Ich sehe davon ab, die Namen der von der Tante bevorzugten Fleischpartien zu übersetzen, denn diese heißen in allen deutschen Sprachprovinzen ganz verschieden.)

Die Arbeit für den Pot-au-feu begann mit dem Zurüsten der Gemüse, bei dem ich helfen durfte. Wir putzten pro Person zwei mittlere Karotten, eine kleine weiße Rübe (navet), den Achtel eines Sellerieknollens und eine halbe Stange Lauch. Karotten, weiße Rüben und Sellerie wurden in einer Bratpfanne mit ganz wenig Butter über gelindem Feuer so lange gerüttelt und geschüttelt, bis sie dunkelblond, aber nicht bräunlich waren. Das verbessere den Geschmack der Suppe und verleihe ihr obendrein eine schöne Goldfarbe, sagte die Tante, während sie die so vorbereiteten Gemüse einzeln auf ein Blatt Papier legte, darauf achtend, daß ja kein Bratenfett daran haften blieb.

Die Lauchstangen band sie mit Zwirn zu einer Art Liktorenbündel zusammen, um zu vermeiden, daß sie beim Kochen auseinanderfielen und unansehnlich wurden. Dann schälte sie drei Zwiebeln, besteckte eine mit einem Kränzlein aus Gewürznelken, schälte eine Knoblauchzehe und band aus Petersilien- und Thymianzweiglein sowie einem Lorbeerblatt das obligate **bouquet garni**. Nun wurde der Boden eines großen Eisentopfes mit den Knochen ausgelegt und diese mit dem Fleisch und den angebratenen Gemüsen bedeckt, mit kaltem Wasser aufgefüllt und aufs Feuer gesetzt. Das Lauchbündel behielt die Tante noch zurück.

Man sieht, Tante Mélanie war »auf seiten der Brühe«, will sagen: sie gab einer kräftigen Suppe vor dem Fleisch den Vorzug; im übrigen wußte sie wie jede Köchin, daß das Fleisch an Wohlgeschmack gewinnt, wenn man es der Brühe erst nach dem ersten Aufwallen beifügt.

Sobald die Suppe zum Kochen kam, begann die Prozedur des Abschäumens. Mit einer Siebkelle schöpfte sie den ersten, schmutziggrauen Schaum ab. Dann goß sie ein halbes Glas kaltes Wasser in die Brühe, schäumte wieder ab und fuhr auf diese Weise fort, bis auch nicht mehr eine Spur von Schaum an die Oberfläche stieg. Dann wurde gesalzen. Von da an galt ihre einzige Sorge dem gleichmäßigen Köcheln der Brühe. Zu diesem Zweck wurde der Topf so gedeckt, daß ein fingerbreiter Spalt für den Abzug des Dampfes offen blieb.

Nach zwei Stunden wurde das Lauchbündel in die Suppe gegeben, und als die Uhr gegen zwölf ging, begann die Tante mit der Zubereitung des Kohlgemüses. Denn sie war der Ansicht, daß der Kohl auf keinen Fall mit der Fleischbrühe in Kontakt kommen durfte; anderseits respektierte sie den Wunsch ihrer Tischgenossen nach Bereicherung des Suppengemüses durch Kohl. Sie zog sich dadurch aus dem Dilemma, daß sie den Kohl gesondert und so zubereitete: Der entzweigeschnittene Kohlkopf wird während einer halben Stunde in leicht gesalzenem Wasser abgekocht, abgegossen, in einen Topf gelegt, mit dem auf der Fleischbrühe schwimmenden Fett benetzt, auf kleinstem Feuer gedämpft und zusammen mit den Suppengemüsen aufgetragen.

Bevor es so weit war, wurden der Suppe die Markbeine beigegeben. Die Tante band sie zu diesem Zweck in ein Leinensäckchen, um das Herausfallen des Markes zu verhindern.

Die Suppe erschien durchgeseiht mit dünnen, im Ofen getrockneten Weißbrotscheiben auf dem

Tisch; das Suppengemüse und der Kohl wurden in einer Schüssel gereicht, und jeder nahm davon, was ihm schmeckte.

Während man die Suppe löffelte, war das Fleisch in einem Rest Brühe warmgestellt. Es wurde dann mit Senf, Essiggemüsen und Preiselbeeren als Hauptgang aufgetragen. Die Mahlzeit wurde beschlossen mit einer Käseplatte und einem leichten Nachtisch. Blieb Brühe übrig, so wurde sie anderntags für einen **consommé** verwendet, wobei sich die Tante meistens für eine der drei folgenden Spielarten entschied: **Consommé printanier**

Frische Zuckererbsen, in kleine Stücke geschnittene grüne Bohnen, zarte Karotten in Rädchen, eine gewürfelte weiße Rübe und etwas Sauerampfer werden in leicht gesalzenem Wasser gargekocht. Von dieser Jardinière kommt ein Suppenlöffel voll pro Person in die heißgemachte Fleischbrühe.

Consommé Célestine

Man bereitet aus 125 g Mehl, zwei Eiern, 1/8 l Milch, 50 g Butter und 1/4 l Bier einen Teig, dem man reichlich gehackte Petersilie und Krebelkraut beimengt. Daraus werden ganz dünne Omeletten (crêpes) gebacken, diese in feine Streifen geschnitten und mit der heißen Fleischbrühe übergossen.

Consommé royal

In einem Mörser bereitet man eine Paste aus diesen Ingredienzen: drei mehlige, in Salzwasser weichgekochte Kartoffeln, vier Eidotter, 40 g Butter, etwas süße Sahne, Salz und Pfeffer. Wenn alles gut durchgearbeitet ist, formt man daraus kleine Kügelchen oder Würstchen und läßt sie in der Fleischbrühe während einer halben Stunde ziehen.

Sechs Suppen – »mager« und klassisch. Tante Mélanie war katholisch und hatte anfänglich Mühe gehabt, sich in eine stockprotestantische Familie und Umgebung einzuleben. Einigen Gepflogenheiten ihrer angestammten Konfession blieb sie indessen ihr Leben lang treu. So kam am Freitag

niemals Fleisch auf den Tisch, und selbst Fleischbrühe als Grundlage für Suppen und andere Gerichte war an diesem Tag verpönt; denn die Tante unterschied streng zwischen **potages gras** und **potages maigres,** zwischen »fetten« und »mageren« Suppen also. Wobei die »mageren«, wie man gleich sehen wird, so nahrhaft wie die »fetten« sein konnten.

Die Tante verfügte über ein reiches Suppenregister, doch kehrten sechs »Klassiker« – wie sie sich ausdrückte – auf ihrem Tisch in kurzen Abständen immer wieder.

Zu diesen Favoriten gehörte der **Potage Crécy.** Das ist eine Suppe auf Karottenbasis, die am besten dann gelingt, wenn die Karotten noch jung und innen durchwegs schön rot sind. Später wird der Pfahl, der die Wurzel der Länge nach durchzieht, gelb und holzig und muß nach dem Abkochen der Karotten herausgelöst werden. **Potage Crécy – Karottensuppe:**

400 g Karotten werden geputzt, kleingeschnitten und in 40 g Butter gedämpft. Man gießt 1 l Wasser auf, fügt vier geschälte und gevierteilte Kartoffeln hinzu und läßt 40 Minuten köcheln. Dann treibt man alles durch ein feines Sieb, verdünnt die Suppe mit ½ l Wasser, salzt und pfeffert und läßt nochmals eine Viertelstunde köcheln. In die vorgewärmte Suppenschüssel gibt man ein nicht zu kleines Stück Butter, zwei Eigelb und zwei Eßlöffel Sahne, verrührt alles mit einer Gabel und gießt die Suppe auf. Nach Belieben kann dem Potage Crécy etwas Zukker beigegeben werden.

Zu der hier praktizierten **liaison au jaune d'œuf** (Eigelbbindung) ist zu sagen, daß die Beigabe einer *kalten* Flüssigkeit (Sahne, Milch, Fleischbrühe etc.) so unumgänglich ist wie das *langsame* Zugießen der Suppe; beides verhindert das Gerinnen des Eigelbs.

Tante Mélanie war in Küchendingen das, was

Victor Hugo dem Altvater Booz nachrühmt, großzügig, wenn auch sparsam. Fiel altbackenes Brot an, so machte sie daraus die klassische, französische Brotsuppe **La Panade – Brotsuppe:**

400 g altbackenes Brot, 80 g Butter, 3 Eidotter, 2 dl Sahne, Salz, Pfeffer. Das Brot wird in Scheiben oder Würfel geschnitten und in einen Topf gegeben. Man gießt soviel Wasser hinzu, daß es damit gut bedeckt ist. Die in kleine Stückchen zerpflückte Butter, Salz und Pfeffer werden untergemischt. Man setzt den Deckel auf und läßt unter gelegentlichem Umrühren auf kleinstem Feuer eine gute Stunde köcheln. Dann treibt man die Panade durch ein feines Sieb und erhitzt sie noch einmal bis zum Siedepunkt. Man zieht den Topf vom Feuer, zerklopft die Eidotter mit der Sahne, zieht sie unter die Suppe und richtet in einer vorgewärmten Schüssel an.

Gerichte, bei denen Blumenkohl eine Rolle spielt, heißen in Frankreich à la Dubarry. Tante Mélanie hatte in ihrem Rezeptbuch eine Anleitung für **Potage velouté à la Dubarry.** Die Herstellung dieser Delikatesse erfordert aber gut und gern zwei Stunden. Ich halte mich darum an die gängige Fassung dieser Suppe. **Potage à la Dubarry – Blumenkohlsuppe:**

Ein Blumenkohl wird in die einzelnen Röschen zerteilt, die man in Salzwasser während fünf Minuten abkocht. Zwei bis drei Kartoffeln werden geschält, grob zerschnitten, mit einem halben Liter Milch begossen und mit dem abgetropften Blumenkohl eine halbe Stunde gekocht. Man treibt die Suppe durch ein Sieb, gibt einen weiteren halben Liter Milch hinzu, läßt aufkochen und gibt, nach-

dem man den Topf vom Feuer gezogen hat, ein schönes Stück frische Butter hinzu. Man trägt die Suppe mit gehacktem Kerbelkraut und gerösteten Brotschnittchen auf.

Lauch (Porree) wird zwar auch bei der Kartoffelsuppe verwendet, doch soll sein eigentümlicher Geschmack dort keineswegs dominieren. Anders verhält es sich bei **Potage à la crème de poiraux – Lauchrahmsuppe:**

Bei dieser Suppe verwendet man nicht nur das weiße, sondern auch die grünen Blätter des Lauchs. Beides wird in ganz feine Rädchen geschnitten und in Butter eine Viertelstunde lang gedämpft. Dann streut man einen Eßlöffel Mehl darüber, dämpft kurz weiter, begießt das Gemüse mit einem halben Liter Milch, salzt, pfeffert, läßt eine weitere Viertelstunde köcheln, gießt alles in ein Sieb und bearbeitet es solange mit dem Holzstößel, bis nichts mehr zurückbleibt. Man gießt einen weiteren halben Liter Milch bei, läßt aufkochen, nimmt die Suppe vom Feuer und verfeinert sie mit einer Tasse süßer Sahne.

Wie alle Franzosen unterschied Tante Mélanie zwischen **potage** und **soupe,** wobei unter **potage** eine durchgeseihte Suppe verstanden wird, während in der **soupe** alle Ingredienzen deutlich erkennbar schwimmen.

Mein Liebling unter der letzteren Gattung war die Zwiebelsuppe. Tante Mélanie besaß dafür zwei Rezepte, ein leichteres und ein gehaltvolleres. Beide sind leicht zu bewerkstelligen und vorzüglich, weshalb das eine und das andere mitgeteilt sei. **Soupe à l'oignon – Zwiebelsuppe:**

In einen Topf gibt man ein großes Stück frische Butter, zwei große (oder drei mittlere) in Scheiben geschnittene Zwiebeln und zwei Eßlöffel Mehl. Alles wird über kleinem Feuer geröstet, bis Zwiebeln und Mehl eine dunkelblonde Farbe angenommen haben. Dann gießt man aufs mal kaltes oder heißes Wasser hinzu, schmeckt ab und läßt die Suppe während zehn Minuten unter gelegentlichem Umrühren köcheln. **Soupe à l'oignon gratinée – Überbakkene Zwiebelsuppe:**

Bei dieser Variante wird kein Mehl verwendet. Man dämpft die Zwiebeln in Butter bis sie Farbe angenommen haben, gibt einen Liter Wasser bei, salzt, pfeffert und läßt eine halbe Stunde köcheln. Die Suppe wird in ein feuerfestes Geschirr oder in Portionentassen umgegossen, für jeden Esser eine geröstete, dick mit geriebenem Emmentaler- oder Gruyère-Käse bestreute Brotschnitte daraufgelegt und bei starker Oberhitze im Ofen überbacken.

Von Fischen und Krebsen. Das Dorf, wohin die Ehe meine Tante Mélanie verschlagen hatte, liegt weitab vom nächsten See; auch gab es zu der Zeit, da ich in ihre Kochtöpfe gucken durfte, dort noch keine tiefgekühlten Meerfische zu kaufen. Auf der andern Hand wußte man damals noch

nichts von Wasserverschmutzung, und die Bäche wimmelten von Forellen und Krebsen. Im Feuerwehrweiher gab es Hechte und fette Schleien, welch letztere im Bernbiet den dort unbekannten Karpfen ersetzen. Auch Aale fing man zu bestimmten Jahreszeiten. Das Fisch-Repertoire der Tante war also recht beschränkt; trotzdem gelang es ihr in der guten Jahreszeit jeden Freitag, uns ein Fischgericht aufzutischen. Und das dank einem Freund des Hauses, dessen Familiennamen ich nie erfuhr, weil ihn jedermann nur den »Herrn Hauptmann« nannte; denn diesen Grad hatte er in jüngeren Jahren in der Armee bekleidet.

Der »'err 'auptmann« – wie ihn die Tante ansprach – war ein leidenschaftlicher Fischer und gab uns regelmäßig einen Teil seiner Beute ab. Die Fische, die stets lebend geliefert wurden, bewahrte man im großen Brunnen hinter dem Hause auf; eine Abteilung des steinernen Beckens war zu diesem Zweck mit einem Drahtgitter überspannt.

Tante Mélanie hielt nicht viel von gebratenen Fischen und für gebackene gar hatte sie nur Verachtung übrig. Forellen kochte sie in der Regel blau und servierte sie mit einer luftigen Sauce hollandaise; zur Abwechslung aber gab es manchmal **Truites au vin rouge – Rote Forellen:**

Für 1 kg Forellen bereitet man einen Sud aus: 1 Liter kräftiger Rotwein, 1 große geviertelte Zwiebel, 1 Petersilienwurzel, etwas Muskatblüte, 10 Pfefferkörner, 3 Gewürznelken. Der Sud wird eine Stunde lang gekocht, dann stellt man das Feuer klein, legt die gesalzenen Fische hinein und läßt sie je nach Größe fünf bis zehn Minuten ziehen, nimmt sie heraus und stellt sie warm. Der Sud wird durchgeseiht und so lange eingekocht, bis sich die Flüssigkeit auf die Hälfte verringert hat. Während dieser Zeit röstet man einen Eßlöffel Zucker braun, gießt ein Glas Wasser dazu und läßt ihn kochen, bis er sich ganz aufgelöst hat. In einem Pfännchen bereitet man aus einem Eßlöffel Mehl eine blonde Schwitze, gießt sie mit dem Sud auf, fügt den gerösteten Zukker bei und läßt alles köcheln, bis eine dickflüssige Sauce entsteht, die man über die Forellen gießt.

Fing der »'err 'auptmann« einen Hecht, so wurde auch dieser blau gekocht und dann mit einer würzigen Sauce aufgetragen. Meine höchste Wonne aber waren die **Quenelles de brochet à la lyonnaise – Hechtklöße nach Lyoner Art:**

Der Hecht wird gehäutet, das Fleisch abgelöst und von den Gräten befreit. Dann bereitet man eine Paste aus 100 g Butter, 200 g Mehl, 1/4 l Milch, etwas Muskatblüte und Salz. Man bringt die Milch mit der Butter, dem Salz und der Muskatblüte zum Kochen, rührt das Mehl hinein und bearbeitet alles mit dem Kochlöffel, bis sich die Paste von der Innenwand des Kochgeschirrs löst. Wenn sie ausgekühlt ist, wägt man sie und gibt sie mit gleich viel Fischfleisch in eine Schüssel, fügt 6 ganze Eier hinzu und verarbeitet alles mit einem Holzlöffel zu einem geschmeidigen Brei. Daraus formt man kleine, längliche Klöße, die man 10 Minuten in Salzwasser ziehen läßt. Man fischt sie heraus, läßt sie gut abtropfen, legt sie in eine flache, ausgebutterte Gratin-Schüssel, bedeckt sie mit weißer Sauce, bestreut sie mit geriebenem Käse und Butterflocken und überbäckt alles kurz im Ofen.

Tante Mélanie schwärmte für Aal, und mich faszinierte es, wenn ich die schwarzen Schlangen auf dem Boden des Brunnentroges sich ringeln sah. Leichtes Grauen aber jagte es mir jedesmal ein, wenn die Tante ans Töten und Häuten der

Fische ging. Mit gewandter Kraft fing sie das Tier in einem Tuch, aus dem nur der Kopf herausragte. Diesen schlug sie drei-, viermal gegen den steinernen Brunnenrand, dann schnitt sie die Haut unter der Brustflosse zwei Finger breit ringsherum auf, nagelte den Fischkopf an das Scheunentor, faßte die Haut mit einem Tuch und zog sie wie einen Strumpf herunter. Um die darunter liegende zweite Haut zu entfernen, drehte sie den Aal über glühenden Kohlen, bis sie sich leicht wegwischen ließ. Heute übernimmt der Fischhändler diese etwas barbarischen Vorbereitungen für **Fricassée d'anguilles – Aal-Frikassee:**

Für 1 kg Aal schneidet man einen Eßlöffel Schalotten oder Zwiebeln ganz fein, dämpft sie leicht in Butter an und gibt den in fingerlange Stücke geschnittenen Aal hinzu, läßt ihn rundherum Farbe annehmen, salzt, pfeffert, gibt ein bouquet garni (Petersiliensträußchen mit Lorbeerblatt) sowie eine Gewürznelke dazu, begießt alles mit einem Glas herbem Weißwein und einem Glas Wasser, läßt aufkochen, deckt zu und läßt 20 Minuten köcheln, bei einem dicken Aal etwas länger.

Man kann dieses Gericht dadurch anreichern, indem man kleine ganze oder größere gevierteilte Champignons mit Salz und Pfeffer in Butter dämpft und dem Frikassee beifügt, nachdem es bereits zehn Minuten geköchelt hat.

Für die Krebse waren meine Kameraden vom Dorf und ich verantwortlich. Wir fingen sie von Hand im Bach, der ganz von Gebüsch überwachsen unweit des Hauses floß, oder im Feuerwehrweiher mit »Tellern«. Das waren kleine Faßreifen, die mit einem Netz aus Bindfäden bespannt waren und an einer langen Schnur hingen. In der Mitte des Netzes befestigte man als Köder ein Stückchen Leber oder einen kleinen Fisch, warf den Krebsteller an einer seichten Stelle ein paar Meter in den Teich hinaus und holte ihn nach einer Viertelstunde wieder ein. Er war dann in der Regel mit zwei oder drei Krebsen besetzt.

Die Krebse wurden zwei Tage in einem Zuber aufbewahrt, dessen Boden eine Spanne hoch mit Milch gefüllt war. Tante Mélanie behauptete, daß das Krebsfleisch durch dieses Milchbad merklich verfeinert werde.

Sie hatte einige exzellente, aber sehr zeitraubende Krebsrezepte; ich übergehe sie und halte mich an die einfachste Zubereitungsart **Ecrevisses à la nage – Flußkrebse im »kurzen Sud«:**

Man bereitet einen court-bouillon – einen »kurzen Sud« aus einem halben Liter Weißwein, feingeschnittenen Schalotten oder Zwiebeln und Karotten (von jedem 100 g), gehackten Petersilienstielen, einem Lorbeerblatt, einem Thymianzweiglein und Salz und läßt alles so lange kochen, bis die Gemüse gar sind. In diesem Sud werden die Krebse je nach Größe zehn bis fünfzehn Minuten gekocht und mit diesem in der Kasserolle aufgetragen.

Tante Mélanies Entrées – klein, aber fein. An Sonntagen und wenn Besuch kam, schob Tante Mélanie zwischen Suppe und Hauptgericht eine **Entrée** ein; das war entweder ein Fisch oder aber ein Mittelding zwischen einem warmen Hors-d'œuvre und einem leichten Gang. Nach heutigen Begriffen ist die Entrée eine unnötige Belastung der Mahlzeit. Ich habe trotzdem einige dieser Entrées in mein Küchen-Repertoire aufgenommen; denn zusammen mit einem Süppchen und einer gehaltvollen Nachspeise ergeben sie einen idealen leichten Lunch, und auch als Imbiß zwischen den Mahlzeiten sind sie geeignet.

Eine dieser Entrées heißt amüsanterweise **Croque-Monsieur;** die Herstellung dieses heißen Sandwiches ist kinderleicht; **Croque-Monsieur:**

Für vier Personen schneidet man acht Schnitten Toast-Brot; vier davon werden mit Butter beschmiert. Darauf legt man eine Scheibe mageren, gekochten Schinken und zwei oder drei sehr fein geschnittene Blätter Emmentaler Käse von der Größe des Brotes. Man deckt mit den vier anderen Brotschnitten zu, bestreut die Sandwiches mit Butterflocken und geriebenem Käse, gibt sie in eine feuerfeste Platte, überbäckt sie im Ofen und trägt sie ganz heiß auf.

Sehr schnell zubereitet und ebenfalls als leichter Lunch oder Zwischenmahlzeit geeignet sind **Canapés de champignons gratinés – Überbackene Champignon-Schnitten:**

Man schneidet vier ziemlich dicke Scheiben Toast-Brot, die man auf beiden Seiten in wenig Butter goldgelb röstet und warm stellt. Dann putzt man ein halbes Pfund Champignons, schneidet sie in dünne Lamellen, dünstet sie kurz in reichlich Butter, salzt, pfeffert. Zwei ganze Eier werden mit 100 g geriebenem Käse gut verrührt und den Champignons beigegeben. Sobald alles erwärmt ist, zieht man die Pfanne vom Feuer, legt die gerösteten Brotschnitten in eine feuerfeste Form, bestreicht sie dick mit der Champignon-Paste, streut Butterflokken, etwas Semmelbrösel und geriebenen Käse darüber und überbäckt einige Minuten bei starker Oberhitze.

Zu den leichten und rasch hergestellten Entrées der Tante zählten auch **œufs en croute – Spiegeleier auf Käsekruste:**

Dazu braucht es 125 g Semmelbrösel, ebensoviel geschmolzene, süße Butter und das gleiche Quantum geriebenen Emmentaler Käse, zwei Eigelb, Salz und Pfeffer. Man verrührt alles gut und gibt es auf ein Kuchenblech oder in eine flache, feuerfeste Schüssel und bäckt es im vorgeheizten Backofen, bis die Masse Farbe angenommen hat. Man nimmt sie heraus und schlägt vorsichtig doppelt so viele Eier darauf als Esser vorhanden sind, salzt nur gerade die Dotter, gibt geriebenen Käse darüber und überbäckt, bis dieser geschmolzen ist.

In der Regel bestanden die Entrées der Tante aus gratinierten Plättchen mit Käse, Eiern und Pilzen; Besucher hingegen verwöhnte sie mit einem leichten Fleischgericht, zu dem fast immer die Innereien des Kalbes verwendet wurden: Hirn, Milken (Bries), Leber oder Niere.

Mein Favorit unter diesen Entrées war das überbackene Kalbshirn. Das Rezept dafür mitzuteilen ist schon deshalb angezeigt, weil der erste Arbeitsgang, das Blanchieren des Hirns, bereits eine Zubereitungsart für sich ist. Bei Zeitnot serviert man darum das im Sud abgekochte Hirn mit brauner Butter oder mit einer Kapern-, Champignon- oder Tomatensauce und läßt das Überbacken weg. Hier das Rezept für die ganze Prozedur; **Cervelle de veau au gratin – Überbackenes Kalbshirn:**

Zwei Kalbshirne werden eine Viertelstunde in lauwarmes Wasser gelegt und dann sorgfältig gehäutet und von allen blutigen Stellen befreit. Man bereitet einen Sud aus einem Liter Wasser und einem Glas Essig – bei besonderen Anlässen nahm die Tante statt Wasser und Essig eine Flasche trokkenen Weißwein –, gibt eine kleine Handvoll Salz dazu sowie diese Sudgarnitur: je nach Größe 1 bis 2 Zwiebeln, 5 bis 10 Gewürznelken, 3 bis 4 geputzte Karotten, 8 bis 15 Pfefferkörner und ein Bouquet garni (mit Petersilienzweiglein umwickeltes Lorbeerblatt). Da der Sud in diesem Falle nur kurz kochen wird, zerkleinert man die Zwiebeln sowohl als die Karotten, damit sich ihr Geschmack der Flüssigkeit schneller mitteilt. Aus dem gleichen Grunde läßt man den Sud einige Zeit kochen, bevor man ihm die Hirne beigibt.

Nach fünf Minuten Kochzeit nimmt man die Hirne aus dem Sud, gibt sie in eine nicht zu große, feuerfeste Platte und stellt sie warm.

Nun bereitet man eine Sauce au beurre frais (Süßbuttersauce), wozu man 20 g Butter, gleichviel Mehl, einige Löffel Sahne, ein halbes Glas Sud, ein paar Tropfen Zitronensaft, Salz und Pfeffer benötigt.

Die Butter wird geschmolzen, das Mehl kurz

darin geröstet – es darf keine Farbe annehmen –, Sahne und Sud werden dazu gerührt, so daß eine nicht zu dünne Sauce entsteht, die man mit Zitronensaft, Salz und Pfeffer abschmeckt. Man läßt sie einige Minuten köcheln, gießt sie heiß über die Hirne, bestreut alles zuerst mit gehackter Petersilie, dann mit Semmelbröseln, Butterflocken und etwas Zitronensaft, überbäckt 15 bis 20 Minuten und serviert ganz heiß.

Die letzte, hier erwähnte Entrée bedingt einen Mörser. Tante Mélanie hatte zwei Mörser in die Ehe gebracht, einen aus Messing und einen aus Marmor; den letzteren gebrauchte sie auch für

Pâté de foie de volaille – Geflügelleberpastete:

Für vier Personen benötigt man drei bis vier Hühnerlebern, drei Eidotter, eine Handvoll Champignons, Salz, Pfeffer, eine Knoblauchzehe. Alles wird zuerst ganz fein gehackt und dann im Mörser zerstoßen. (Heutige Hausfrauen werden für diese Prozedur ein elektrisches Küchengerät zu Hilfe ziehen.) Man weicht vier Scheiben Toastbrot in warmer Milch ein, gibt sie in den Mörser und bearbeitet alles, bis eine geschmeidige, gleichmäßige Paste entsteht. Man schlägt das Weiße der drei Eier zu steifem Schnee, zieht diesen unter die Masse, gibt sie in eine gebutterte Form und stellt diese in ein Wasserbad und läßt im Ofen 40 bis 45 Minuten kochen. Dann stürzt man den Pâté und serviert ihn heiß mit einer dickflüssigen Tomaten- oder Pilzsauce.

Geschmortes und Gebratenes vom Ochsen. Eine der drei Schwägerinnen Tante Mélanies war zum Mittagessen aus B. herübergekommen; als sie die Gastgeberin beim Abschied umarmte, sagte sie: »Kompliment, dein Schmorbraten war wieder himmlisch!« Das war sicher gut gemeint, wurde

aber übel aufgenommen. Denn kaum war der Gast außer Hörweite, empörte sich die Tante: »Schmorbraten! Sie wagt es, meinen Bœuf à la mode Schmorbraten zu titulieren!« In Tat und Wahrheit war Tante Mélanies Bœuf à la mode aber doch nichts anderes als ein Schmorbraten.

Wenn auch ein ganz feiner. Seine Zubereitung nahm gut und gern viereinhalb Stunden in Anspruch; aber der Aufwand lohnte sich. Hier das Rezept für **Bœuf à la mode:**

Für vier Personen nahm die Tante 1 kg Ochsenfleisch, das ungefähr so hoch wie breit war, und das sie mit 100 g Speck spickte. Ich übergehe diese Prozedur, weil sie heute kaum jemand mehr selber vornimmt; aber gespickt muß das Fleisch sein. Es wurde in einer gutverschließbaren Bratpfanne in einer rauchheißen Mischung aus halb Öl, halb Kochbutter ringsum angebraten, was etwa eine Viertelstunde dauerte. Das Bratenfett wurde abgegossen und durch ein Glas Rotwein und ein Gläschen Cognac ersetzt. Salz, Pfeffer, ein Sträußchen Petersilie und ein Lorbeerblatt wurden darin solange gekocht, bis sich die Flüssigkeit auf die Hälfte verringert hatte. Ein vom Metzger gespaltener und entbeinter Kalbsfuß sowie eine schöne Speckschwarte kamen neben das Fleisch zu liegen, desgleichen vier mittelgroße, geschälte Zwiebeln. Nun wurde soviel heiße Knochenbrühe hinzugegossen, daß das Fleisch gerade bedeckt war, der Deckel aufgesetzt und die Kasserolle in den vorgeheizten Ofen geschoben. Dessen Temperatur war so geregelt, daß sie ein leises Köcheln des Schmorgutes garantierte. Nach zwei Stunden wurden der Sauce acht kleine Karotten zugefügt; nach weiteren zwei Stunden nahm die Tante das Fleisch aus der Sauce, desgleichen die Kalbsfußhälften, die Zwiebeln und die Karotten. Der Braten wurde in eine flache Schüssel gelegt, der in zierliche Stücke geschnittene Kalbsfuß im Kranz darum verteilt, des-

gleichen das Gemüse, worauf man alles warmstellte. Dann wurde die Sauce durchgeseiht und so lange eingekocht, bis sich ihr Volumen auf die Hälfte reduziert hatte. Diese dickliche Flüssigkeit goß man gleichmäßig über das Fleisch und seine Zutaten und servierte den Bœuf à la mode mit Kartoffelpüree.

Tante Mélanie war gewiß nicht verschwenderisch, aber für ihr Lieblingsgericht, Bœuf à la Bourguignone, war ihr eine Flasche Burgunder oder Beaujolais nicht zu schade.

So machte Tante Mélanie ihren **Bœuf à la Bourguignonne – Ochsenfleisch nach Burgunderart:**

500 g für Ragoût geeignetes Ochsenfleisch werden in mundgerechte Würfel geschnitten und diese über Nacht in einer Beize aus einem Glas Rotwein, zerschnittenen Zwiebeln und Karotten, Pfefferkörnern, Petersilie, Thymian und einem Lorbeerblatt mariniert. Anderntags dämpft man in etwas Butter 100 g kleingewürfelten Räucherspeck und zwanzig kleine Zwiebelchen, läßt beides eine goldgelbe Farbe annehmen und stellt es warm. Nun werden die Fleischwürfel aus der Beize genommen, mit Küchenpapier sorgfältig abgetrocknet und in halb Öl, halb Butter ringsum angebraten. Man gibt die Gemüse der Marinade dazu sowie vier ganze Knoblauchzehen, streut einen Eßlöffel Mehl darüber, dämpft alles während zehn Minuten und übergießt es dann mit dem Wein, den man für die Marinade nicht gebraucht hat und mit dieser selbst – alles in allem also 7 Deziliter. Die warmgestellten Zwiebelchen und Speckwürfel werden dazu gegeben, sowie eine Handvoll ganze, geputzte Cham-

pignons und ein Sträußchen mit Petersilie und Lorbeerblatt. Man salzt und pfeffert und läßt zwei Stunden köcheln. Wenn das Fleisch gar ist, wird es aus der Sauce genommen und in eine vorgewärmte Schüssel gelegt. Die Sauce wird wieder zum Kochen gebracht, man fügt ihr ein Gläschen Cognac hinzu, läßt sie nochmals aufkochen, seiht sie durch ein Sieb und gießt sie über die Fleischstücke. Zu Bœuf à la Bourguignone werden Salzkartoffeln serviert.

Tante Mélanie besaß keinen Grill; Beefsteaks und Entrecôtes (Zwischenrippenstücke) briet sie in der Pfanne, wozu sie stets halb Kochbutter, halb Öl verwendete. Sie ließ die Mischung rauchheiß werden, bevor sie die leicht gesalzenen und gepfefferten Fleischstücke beigab. Diese mußten 2 ½ cm dick geschnitten sein und wurden auf jeder Seite 4 Minuten gebraten, wenn sie *saignant* (blutig) gewünscht wurden, und 5 Minuten, wenn das Fleisch *à point*, das heißt innen rosa und saftig sein sollte. Dazu bediente sie sich einer Bratenschaufel, um das Anstechen des Fleisches und den damit verbundenen Saftverlust zu vermeiden. Das Beefsteak belegte sie vor dem Servieren mit einem Stück frischer oder Kräuterbutter; für die Entrecôte verfügte sie über ein halbes Dutzend Garnituren, die aber meist sehr kompliziert waren; vergleichsweise einfach hingegen ist die Zubereitung von

Entrecôte à la Bercy:

Wie bei allen andern Entrecôte-Varianten geht es auch hier nicht um die Zubereitung des Fleisches, sondern lediglich um eine Zugabe; in diesem Falle um das die Entrecôte krönende Stück Beurre à la Bercy. Dazu benötigt man jene kleine, hocharo-

matische Zwiebelart, die auf französisch échalote und auf deutsch Schalotte heißt. Für vier Personen nimmt man davon einen gestrichenen Eßlöffel voll in ganz fein gehacktem Zustand. Das zweite Hauptingredienz besteht aus 50 g Rindermark. Das Mark wird mit einem spitzen Messer aus den Knochen gelöst und in kleine Würfelchen geschnitten. Diese kocht man in leicht gesalzenem Wasser auf kleinem Feuer ab. In einem Sauce-Pfännchen werden die zerkleinerten Schalotten mit einem Glas Weißwein solange gekocht, bis die Hälfte der Flüssigkeit eingedampft ist. Dann wird das abgetropfte, noch heiße Rindermark beigefügt, sowie ein Kaffeelöffel feingehackte Petersilie, eine Prise Salz, eine Prise weißer Pfeffer, der Saft eines Zitronenviertels und 100 g geschmeidig gemachte Butter, in Frankreich beurre en pommade genannt. Alles wird gut verrührt und ins Wasserbad gestellt, bis die Entrecôtes tischfertig sind. Dann gibt man auf jedes Fleischstück einen Viertel der noch heißen Buttermasse.

P.S. Die Herstellung des erwähnten **beurre en pommade** ist sehr einfach: Man erhitzt ein dickwandiges Schüsselchen, indem man es mit siedendem Wasser füllt und einige Zeit stehen läßt. Dann schüttet man das Wasser ab, trocknet das Gefäß, gibt die Butter hinein und bearbeitet sie solange mit einem Holzlöffel, bis eine geschmeidige Pomade entsteht. Es ist jedoch darauf zu achten, daß die Butter beim Beginn der Prozedur Küchentemperatur hat.

Das interessant gemachte Kalb. Tante Mélanie und Onkel Alphons führten eine harmonische Ehe, aber in Sachen Kalbfleisch waren sie geteilter Meinung. Der Onkel, eine besinnliche und sanfte Natur, hatte eine entschiedene Vorliebe für die Muskulatur sowohl wie für die Innereien dieses Jungtiers; die Tante hingegen fand, dem Kalbfleisch fehle es an Kraft und Rasse. Als gute Gattin aber tischte sie es doch mindestens einmal die Woche auf, zumeist allerdings nicht in Form von Braten, Schnitzeln oder Koteletten, sondern »interessant gemacht« – wie sie sich ausdrückte – durch Saucen und Farcen, denen oft ein Gläschen Cognac oder Madeira den nötigen Pfiff gab.

Zu ihren Standardgerichten zählte ein Kalbsvoressen, das kräftig schmeckte und außerdem den Vorteil hatte, aus der Brust, einer wohlfeilen Partie des Kalbes also, gemacht zu werden.

Ragoût de veau à la bourgeoise – Kalbsvoressen bürgerlich:

800 g Kalbsbrust, 30 g Butter, 30 g Mehl, ¾ l Fleischbrühe, 2 dl Weißwein, Saft einer Zitrone, 1 Glas Sahne, 1 Zwiebel, 2 Karotten, Salz, Pfeffer, 2 Nelken, ½ Lorbeerblatt.

Die Butter wird flüssig gemacht, der Topf vom Feuer gezogen, das in grobe Stücke geschnittene Fleisch hineingelegt, gepfeffert, gesalzen, mit dem Mehl bestäubt und solange umgewendet, bis es sich mit dem Mehl innig verbunden hat. Man setzt den Topf wieder aufs Feuer, gießt den Wein, die Fleischbrühe und den Zitronensaft dazu, kocht auf, gibt die mit zwei Nelken besteckte Zwiebel, die kleingeschnittenen Karotten und das halbe Lorbeerblatt bei und läßt anderthalb Stunden köcheln. Dann legt man die Fleischstücke in eine vorgewärmte Schüssel, fügt der Sauce die Sahne bei, erhitzt sie bis zum Siedepunkt und seiht sie über das Fleisch.

Kalbszungen gaben der Tante Gelegenheit, mit ihren Sauce-Künsten zu glänzen. Die Skala reichte von der einfachen **Sauce à la maître d'hôtel** (60 g Butter gut vermengt mit dem Saft einer halben Zitrone, zwei Eßlöffeln Petersilienhack, Pfeffer und Salz) über die luftige **Sauce hollandaise** bis zur rassigen **Sauce à la diable.** Meine Lieblingsbeigabe war die **Sauce à la moutarde.** Doch zuerst das Rezept für **Langue de veau boullie – Gekochte Kalbszunge:**

2 kleine Kalbszungen. Für den Sud: halb Weißwein, halb Wasser, 2 Zwiebeln, jede mit 6 Nelken besteckt, 5 Karotten, 12 Pfefferkörner, 1 Lorbeerblatt, Saft einer Zitrone, Petersilie, Salz.

Die Sudgarnitur wird mit Wein, Wasser und Zitronensaft aufgekocht, man gibt die Zungen dazu und läßt auf kleinstem Feuer während 2 ½ Stunden köcheln. Dann werden die Zungen aus dem Sud genommen, geschält, in nicht zu dünne Scheiben geschnitten und überzogen mit **Sauce à la moutarde – Braune Senfsauce:**

30 g Butter, 30 g Mehl, 1 Prise Zucker, 1 mittlere Zwiebel, 2 Eßlöffel scharfer Senf, ½ l Fleischbrühe, 10 Pfefferkörner, ½ Lorbeerblatt, 2 Nelken, 1 Eßlöffel Zitronensaft.

Die Butter wird flüssig gemacht, das Mehl mit einer Prise Zucker darin geröstet, die feingehackte Zwiebel eine Weile mitgedämpft und alles mit der kalten Fleischbrühe aufgegossen. Man gibt die üb-

rigen Beigaben dazu und läßt unter Umrühren eine Viertelstunde köcheln.

Kalbsleber aß der Onkel am liebsten auf die einfachste Art, das heißt grob geschnetzelt und mit viel ebenfalls grob gehackten Zwiebeln rasch in Butter gebraten, mit Zitronensaft abgeschmeckt und erst kurz vor dem Auftragen gesalzen und gepfeffert; Kalbsniere hingegen behagte ihm mit Cognac flambiert, von gedämpften Champignons begleitet und mit einer pikanten Sauce. Das Rezept tönt etwas kompliziert, doch lohnt es die Mühe.

Rognons de veau flambés au cognac – Flambierte Kalbsnieren:

2 Kalbsnieren, in Würfel geschnitten, 100 g Champignons, 4 Eßlöffel Öl, 5 Eßlöffel Butter, 1 dl Cognac, 1 Eßlöffel gehackte Schalotten, 1 dl trockener Weißwein, 1 dl Sahne, 1 Eßlöffel scharfer Senf, Salz, Pfeffer.

Die Champignons werden geputzt, nicht zu fein geschnitten, mit Zitronensaft beträufelt, gesalzen, gepfeffert, in 2 Eßlöffel Butter und 1 Eßlöffel Öl gedämpft und warm gestellt. Nun werden 3 Eßlöffel Öl heiß gemacht, die gewürfelten Nieren darin rasch gebraten, das Öl abgeschüttet, die Nieren mit dem Cognac flambiert und ebenfalls warmgestellt.

Jetzt bereitet man die Sauce, indem man die sehr fein gehackten Schalotten (notfalls Zwiebeln) in 3 Eßlöffel Butter rasch dämpft, mit dem Wein übergießt und alles etwas einkochen läßt. Man nimmt das Pfännchen vom Feuer, gibt den Rahm und den Senf bei, gibt die Champignons samt ihrem Saft und zuletzt die Nieren dazu, salzt, pfeffert und trägt auf.

Für Kalbsherz besaß die Tante zwei Rezepte. Das eine brauchte nur anderthalb Stunden Kochzeit, doch mußte das Herz dafür ringsum reichlich gespickt werden. Und wer spickt heute noch? Ich verrate darum nur die Zubereitungsart von **Cœur de veau farci – Gefülltes Kalbsherz:**

1 großes Kalbsherz, 60 g Butter, 30 g Mehl, 2 dl Weißwein, Saft einer halben Zitrone, Fleischbrühe. Für die Füllung: 50 g Hausbrot ohne Rinde, 30 g Speckwürfel, ½ Zwiebel, 1 Ei, 15 g Butter, Salz, Pfeffer. Man beginnt mit der Zubereitung der Farce. Das Brot wird in Milch eingeweicht, ausgedrückt und in Butter solange geröstet, bis es trocken auseinanderfällt. Dann gibt man es in eine Schüssel. Nun brät man die Speckwürfel glasig, dämpft die feingeschnittene Zwiebelhälfte darin, gibt beides zum Brot, schlägt das Ei dazu, pfeffert, salzt und vermengt alles zu einer dickflüssigen Paste.

Zurück zum Herzen. Man schneidet die beiden Kammern auf, entfernt daraus das gestockte Blut, reibt sie mit Salz ein und füllt sie mit der Farce. Dann brät man das Herz in Butter ringsum an, nimmt es heraus, bereitet mit dem Bratenfond eine braune Mehlschwitze, löscht diese mit reichlich Fleischbrühe ab, gibt den Wein, den Zitronensaft und die Bratengarnitur (1 Zwiebel, 2 Nelken, 2 Karotten, 1 Sträußchen Petersilie, 1 Lorbeerblatt) dazu und läßt das Herz in dieser Brühe drei Stunden köcheln.

Erwähnt sei, daß Tante Mélanie, um Zeit zu gewinnen, die Zubereitung der Farce und das Füllen des Herzens jeweils am Vorabend tätigte. Auch schälte sie die Zwiebel nicht, um der Sauce eine schöne Farbe zu geben.

Die zarte Seite der Kalbsanatomie. Seit ich in Tante Mélanies Kochtöpfe guckte, hat sich in Küchendingen manches verändert, doch hat sich der Szenenwechsel auf keinem Gebiet so gründlich vollzogen wie auf jenem, den die Tante mit **abats** bezeichnete.

Für abats sagt man auf deutsch Innereien, doch ist die Übersetzung insofern unzulänglich, als das französische Wort nicht nur Hirn, Herz, Lunge, Leber, Niere, Milken, Kutteln bezeichnet, sondern auch den Kopf, die Füße und den Schweif von Rind, Kalb, Schwein und Schaf.

Diese ganze Anatomie erachtet der moderne Schlächtereibetrieb als zu »arbeitsintensiv«, als daß er sich viel damit abgäbe. Vieles von dem, was noch vor zwei, drei Generationen die Wonne des Feinschmeckers ausmachte, ist deshalb von den Speisezetteln verschwunden – nicht, weil es uns nicht mehr schmeckte, sondern weil das dazu benötigte Rohmaterial nicht greifbar ist. Ich übergehe darum die Schafsfüße **à la vinaigrette** der Tante ebenso wie ihre Kalbsohren **à la mirepoix** und halte mich, was die »äußeren Innereien« betrifft, an den immer und überall erhältlichen Kalbskopf.

Tante Mélanie tat es nie unter einem *ganzen* Kalbskopf, und das war dann, was das Putzen, Wässern, Abkochen, Entbeinen und Zerlegen anging, eine äußerst komplizierte und zeitraubende Angelegenheit, die man keiner modernen Hausfrau zumuten möchte. Da es aber heutzutage Kalbskopf schön tranchiert und pfundweise zu kaufen gibt, stehe hier das Rezept für **Tête de veau à la poulette – Kalbskopf in Pilz-Sauce:**

1 kg Kalbskopf, 200 g Butter, 150 g Champignons, 1 Eßlöffel Mehl, 1 Bouquet garni, 2 Zitronen, 2 Eidotter, 3 Zwiebeln, Petersilie und Schnittlauch, Salz, Pfeffer, Muskatnuß, Nelken.

Das Fleisch wird mit dem Saft einer Zitrone allseitig eingerieben. Man setzt es in einem eisernen Topf mit kaltem Wasser auf, gibt eine mit Nelken besteckte Zwiebel, das bouquet garni (Petersiliensträußchen mit Lorbeerblatt), Salz und Pfeffer bei und läßt so lange kochen, bis das Fleisch fast gar ist, was etwas über eine Stunde dauern dürfte. Man nimmt es aus dem Sud, schneidet es in gleichmäßige, ziemlich große Stücke und stellt diese warm. Vom Sud hebt man einen halben Liter auf.

Nun läßt man die Butter schmelzen, röstet darin einen gehäuften Eßlöffel Mehl, ohne ihn Farbe annehmen zu lassen, löscht mit dem Sud ab, gibt die Champignons, zwei Zwiebeln, je einen Eßlöffel Petersilie und Schnittlauch – alles fein gehackt – dazu und köchelt in dieser Sauce die Kalbskopfstücke während einer halben Stunde gar. Vor dem Anrichten werden die mit dem Saft einer Zitrone verquirlten Eidotter untergemischt, worauf man mit Salz, Pfeffer und etwas Muskatnuß abschmeckt.

Was nun die eigentlichen Innereien angeht, so wurde das Kalbshirn bereits im 6. Kapitel behandelt; befassen wir uns darum mit Milken (Bries), Leber und Nieren.

Man wird die Kalbsmilken in jedem Fall gründlich, das heißt solange wässern, bis alles Blut herausgeschwemmt ist; dann werden sie blanchiert, indem man sie mit kaltem Wasser aufsetzt und dieses ganz langsam bis auf den Siedepunkt erhitzt, worauf man nur gerade zwei Minuten langsam ziehen läßt. Wenn sich die Milken abgekühlt haben, entfernt man sorgfältig alle Fettstellen. Das ist die Vorbereitung für die meisten Milkengerichte und auch für **Escalopes de ris de veau – Kalbsmilkenschnitten:**

2 Kalbsmilken, 2 Eßlöffel Mehl, 1 Ei, Paniermehl, Salz und Pfeffer, 1 Tasse Sahne, ½ Zitrone, 100 g Butter, 300 g Champignons.

Die blanchierten Kalbsmilken werden in kaltem Wasser abgekühlt und abgetropft. Man schnei-

det jede Milke in vier dicke Scheiben, wälzt diese zuerst in Mehl, dann im zerklopften Ei und in Paniermehl, brät sie auf jeder Seite 5 Minuten in 75 g Butter, salzt, pfeffert und stellt sie warm. In der gleichen Pfanne schmilzt man den Rest der Butter, gibt die geputzten und mit Zitronensaft beträufelten Champignons dazu, salzt, pfeffert, gießt die Sahne bei und schmort eine Viertelstunde. Dann legt man die Milkenschnitten auf die Champignons und trägt auf.

So leicht Milken herzustellen sind, so schwierig ist das Braten von Kalbsleber. Schon wenige Sekunden genügen, um dieses delikate Gericht zu verderben. Hier hilft auch kein Rezept, denn es geht ja nicht nur um Sekunden, sondern auch um schwer zu messende Hitzegrade. Darum heißt es probieren und wieder probieren, um den einzig richtigen Moment herauszufinden. Ist man so weit, so versuche man es einmal mit **Foie de veau à l'estragon – Kalbsleber mit Estragon:**

500 g Kalbsleber, 70 g Butter, Estragon, frisch oder getrocknet, 1 Eßlöffel Essig.

Die Leber wird in nicht zu dünne Scheiben geschnitten, die man auf mittlerem Feuer auf einer Seite kurz anbrät. Man salzt, pfeffert, würzt mit Estragon, wendet die Leberschnitten und wiederholt die Operation. Alles muß so rasch vonstatten gehen, daß das Innere der Leber rosig bleibt. Nun stellt man die Leber warm, gibt die restliche Butter in die Pfanne, fügt, sobald diese geschmolzen ist, den Essig hinzu, läßt die Sauce rasch aufkochen und gießt sie über die Leber.

Auch Kalbsniere ist im Nu gebraten, im Gegen-

Tante Mélanies Rezept für Schinken in Sahnesauce war denkbar einfach; dennoch schmeckte mir das Gericht an ihrem Tisch besser, als später die ungleich komplizierteren Zubereitungsarten der großen französischen Köche. Das mochte zum Teil daran liegen, daß die Tante nur Schinken erster

Güte verwendete und sich auch beim Madeira nicht lumpen ließ, vor allem aber an ihrem *savoir faire.* Auch wird man die Erfahrung machen, daß dieses auf den ersten Blick so simple Gericht einiger Versuche bedarf, um zur Vollkommenheit zu geraten. **Jambon à la crème – Schinken in Sahnesauce:**

8 Scheiben gekochter Schinken, jede 75 g schwer, 4 Gläser Madeira, 4 Gläser süße Sahne, etwas Paprika.

In einer niedrigen Pfanne ordnet man die Schinkenscheiben dachziegelartig an, übergießt sie mit dem Madeira und läßt sie auf kleinstem Feuer während zwanzig Minuten leise köcheln. Dann nimmt man den Schinken aus dem Wein, legt ihn in eine heiße Schüssel und stellt ihn warm. Nun wird das Feuer etwas größer gestellt und der Wein vollständig eingedampft. Man stellt das Feuer wieder kleiner, gibt die Sahne in die Pfanne, würzt sie mit Paprika (wer es scharf mag, nimmt anstelle von Paprika Cayenne-Pfeffer) und köchelt solange weiter, bis eine dickflüssige Sauce entsteht. Diese gießt man über die warmgestellten Schinkenscheiben und serviert zu leicht gebutterten, wenn möglich hausgemachten Nudeln.

Eine andere Schinken-Sahne-Kombination Tante Mélanies war die **Mousse au jambon,** die als festliche Vorspeise auf den Tisch kam. Die dazu benötigte Schinkenpaste wurde im Mörser hergestellt, und auch die leicht mit Madeira parfümierte Sülze war hausgemacht. Ich gebe hier das Originalrezept wieder und überlasse es der geneigten Leserin, es den heutigen Verhältnissen anzupassen.

Mousse au jambon – Schinkenschaum:

300 g gekochter, magerer Schinken, 1 dl Béchamel-Sauce, ¼ l Sahne, 2 dl Sülze, 5 dl Sülze für die Garnitur, Salz, Pfeffer, Cayenne-Pfeffer.

Vorgängig wird mit Butter, Mehl und 1 Glas Milch eine Béchamel-Sauce bereitet und etwas eingedickt; desgleich bringt man 2 Deziliter Sülze zum Kochen und reduziert sie auf die Hälfte. Beides läßt man erkalten. Nun zerstampft man den von allem Speck befreiten, kleingewürfelten Schinken im Mörser und gibt ihm unter ständigem Rühren löffelweise zuerst die Béchamel-Sauce und dann die Sülze hinzu, würzt nach Bedarf mit Salz, Pfeffer und Cayenne-Pfeffer und treibt die Paste durch ein feines Sieb. Die Sahne wird steif geschlagen und vorsichtig untergezogen, dann füllt man den Schinkenschaum in eine glattwandige, mit Öl ausgepinselte Puddingform und stellt ihn mehrere Stunden kalt. Die gestürzte Mousse au jambon wird in einem Kranz aus gehackter Sülze serviert.

Warum das an sich schon fette Schweinefleisch in Sahne schwimmen soll, ist nicht leicht einzusehen – Tatsache ist, daß die klassische französische Küche diese Paarung bevorzugt. Auch Tante Mélanies marinierte Schweinskoteletten erhielten einen Überzug von Sahne-Sauce. Und zwar gab es für diese Beigabe zwei Varianten, eine sanfte und eine feurige. Beide seien im folgenden mitgeteilt. **Côtelettes de porc à la crème – Schweinskoteletten in Sahne-Sauce:**

4 Schweinskoteletten, jedes 180 g schwer. Für die Marinade: 1 dl Weißwein, 1 dl Weinessig, 1 Zwiebel, 1 Karotte, Thymian, Lorbeerblatt, Salz, Pfeffer.

Für die Sauce: 2 dl kräftige Fleischbrühe, 2 dl saure Sahne, 1 Kaffeelöffel Maizena.

Die Koteletten werden am Vorabend in die Marinade aus Weißwein, Weinessig, Zwiebel, Karotte, Thymian, Lorbeerblatt, Pfeffer und Salz gelegt. Anderntags nimmt man sie aus der Marinade, trocknet sie gut ab, salzt sie leicht und brät sie im rauchheißen Fett auf jeder Seite während fünf Minuten goldgelb. Dann stellt man das Feuer klein, läßt das Fleisch während weiteren 12 bis 15 Minuten gar werden, gibt es in eine heiße Schüssel und stellt es warm.

Im Bratenfett werden die gut abgetropften Zwiebel- und Karottenscheiben aus der Marinade gedämpft, mit der Marinade begossen, und darin so lange gekocht, bis die Flüssigkeit um die Hälfte eingedampft ist. Man gibt die Fleischbrühe und die saure Sahne dazu, läßt alles auf sanftem Feuer 7 bis 8 Minuten köcheln, bindet mit Maizena, seiht die Sauce durch und gießt sie über die Koteletten.

Zur Abwechslung ersetzte die Tante diese Sahnesauce durch eine *Sauce à la dijonnaise,* so genannt, weil dazu scharfer Senf aus Dijon verwendet wurde. Die Koteletten wurden auf die genau gleiche Weise mariniert und gebraten wie beim obigen Rezept. Nachdem sie warmgestellt waren, rührte die Tante rasch eine **Sauce à la dijonnaise:**

¼ l dicke, süße Sahne, 2 Eßlöffel scharfer Senf, 4 feingehackte Cornichons, 1 Eßlöffel feingehackte Schalotten, 1 Eßlöffel Weinessig. Ganz wenig Salz und Pfeffer.

Alle Ingredienzen werden gleichzeitig in den vorher entfetteten Bratenfonds gegeben, gut ver-

ne Vorurteil gegen alles »Schäfige«. Inzwischen hat sich das geändert, und Tante Mélanie feierte, wenn sie noch lebte, mit ihrer Hammelkeule bestimmt Triumphe.

Für **Gigot de mouton** (Hammelkeule) gibt es kein Rezept. Das Gelingen dieses Göttergerichts ist das Ergebnis von Gefühl und Erfahrung. Anders verhält es sich mit der Zubereitung der Koteletten und der Schulterpartie von Lamm und Hammel.

Lammkoteletten bevorzugte die Tante im Naturzustand, das heißt mit einer Knoblauchzehe abgerieben, leicht gesalzen und gepfeffert und in rauchheißem Öl so kurz gebraten, daß das Innere zart rosa war.

Standen Gäste ins Haus, so wurde diese Zubereitungsart als unzulänglich erachtet; denn die Koteletten verzogen und krümmten sich beim Braten und wurden unansehnlich. Die Tante panierte sie darum und ging dabei so vor. **Côtelettes d'agneau panées – Panierte Lammkoteletten:**

8 bis 12 Lammkoteletten, je nach Größe, 1 bis 2 Eier, 1 Knoblauchzehe, Salz und Pfeffer, Paniermehl, wenig Öl.

Die Koteletten werden mit der Knoblauchzehe frottiert, leicht gesalzen und gepfeffert und auf beiden Seiten rasch angebraten. Man nimmt sie aus der Pfanne und läßt sie abkühlen. Durch diese Prozedur vermeidet man, daß sie sich beim Braten krümmen und die Panierung sprengen.

Je nach Anzahl der Koteletten verrührt man ein Ei oder deren zwei mit Salz, Pfeffer und ein wenig Öl, zieht die Koteletten durch diese Mischung, wendet sie in Paniermehl, gibt sie in das heiße Bratenfett, bräunt sie auf jeder Seite zwei, drei Minuten, stellt dann das Feuer klein und läßt sie durchbraten, was je nach Dicke des Fleisches fünf bis sieben Minuten dauert.

Als Beigabe zu Lammkoteletten reichte die Tante – wie übrigens auch zu Hammelkeule – stets die in ihrer Heimat flageolets genannten, hellgrünen Bohnenkerne, die man neuerdings bei uns in Büchsen erhält; aber auch ein Pilzgericht oder ein zartes Frühlingsgemüse paßt dazu.

Zu Tante Mélanies Paradegerichten zählte die gefüllte Hammelschulter, die zwar viel Arbeit und Zeit erforderte, bei allen Liebhabern des »Schäfigen« aber stets großes Lob erntete. **Epaule de mouton farcie – Gefüllte Hammelschulter:**

1 Hammelschulter, 1 große Tasse Brotwürfel, 2 Gläser trockener Weißwein, 1 große Tasse Bratenreste, 1 hartes Ei, 1 große Tasse Schinken, 1 große Tasse Rindsleber, 1 Zwiebel, 1 Knoblauchzehe, 100 g Schweinefett, 1 kleine Büchse Tomatenmark, Estragon, Petersilie, Salz und Pfeffer.

Man läßt sich vom Metzger die Hammelschulter zum Füllen herrichten und legt sie mit der Haut nach unten flach auf den Tisch. Nun wird die Füllung zubereitet, indem man die mit einem Glas Wein aufgeweichten und dann ausgepreßten Brotwürfel, das harte Ei, die Bratenreste, den Schinken, die Leber, die Zwiebel und die Knoblauchzehe durch den Fleischwolf treibt, die so erhaltene Masse tüchtig vermengt, mit Salz, Pfeffer, Estragon und Petersilie, die letzteren feingehackt, würzt. Die Masse wird dick auf die Hammelschulter aufgetragen, diese zu einem Paket zusammengeschlagen, zugenäht und mit Bindfaden verschnürt.

In einer eisernen Bratpfanne wird die Schulter ringsum goldgelb angebraten. Dann übergießt man sie mit einem Glas Weißwein, gibt ein Stück Würfelzucker dazu und läßt drei Stunden bei mäßiger Hitze schmoren, indem man den Braten des öfteren be-

gießt und ihn von Zeit zu Zeit wendet. Nun nimmt man ihn heraus, verrührt das Tomatenmark mit der Sauce und läßt dann noch ein Stündchen weiterschmoren. Vor dem Anrichten entfettet man die Sauce und gießt sie über das Fleisch. Kartoffelpüree und grüne Bohnen eignen sich als Beigabe für gefüllte Hammelschulter.

Hals und Schulter des Lammes eignen sich vorzüglich für Schmorgerichte. Die Tante besaß dafür zwei Rezepte, von denen das eine – **blanquette** – auf der milden und das andere – **ragoût** – auf der scharfen Seite war. **Blanquette d'agneau – Weißes Lammvoressen:**

800 g Lammfleisch von der Schulter oder vom Hals, 1 Eßlöffel Mehl, 50 g Perlzwiebeln, 50 g Champignons, Butter und Öl, 3 Eigelb, 1 Bouquet garni, 1 Zitrone.

Das Lammfleisch wird in nicht zu grobe Würfel geschnitten und in halb Butter, halb Öl gedämpft, bis es etwas Farbe angenommen hat. Dann bestäubt man es mit Mehl und läßt eine Minute weiterdünsten, gibt die Perlzwiebeln und die in Streifen geschnittenen Champignons dazu, salzt, pfeffert, fügt das bouquet garni – ein Petersiliensträußchen mit einem Lorbeerblatt – bei und läßt zugedeckt leise köcheln, bis das Fleisch gar ist, was bei einem jungen Lamm nicht mehr als eine halbe Stunde dauern dürfte. Nun werden die Fleischwürfel herausgefischt und in eine heiße Schüssel gelegt. Man zieht den Topf vom Feuer, entfernt das bouquet garni, bindet die Sauce mit den Eidottern, gibt 50 g süße Butter und den Saft der Zitrone dazu und richtet sie über das Fleisch an.

Und hier die feurige Variante **Sauté d'agneau aux poivrons – Lammragout mit Pfefferschoten:**

800 g mageres Lammfleisch, 1 große Zwiebel, 4 Pfefferschoten, 1 Knoblauchzehe, 3 Eßlöffel Öl, Salz, Pfeffer, etwas Cayenne-Pfeffer, 1 Kaffeelöffel scharfer Paprika, 1 Eßlöffel Essig.

Das Lammfleisch wird in Würfel geschnitten, gesalzen, gepfeffert und in Öl sanft angebraten. Man fügt die feingehackte Zwiebel hinzu und läßt noch eine Weile weiterdünsten, gibt den Essig bei, deckt zu und nimmt den Topf vom Feuer.

In einem zweiten, verschließbaren Bratgeschirr werden die entkernten und zerkleinerten Pfefferschoten in wenig rauchheißem Öl etwa fünf Minuten angeschmort; dann gibt man die Knoblauchzehe und eine kleine Prise Cayenne-Pfeffer sowie den Paprika bei, setzt den Deckel auf, stellt das Feuer klein und läßt ein paar Minuten weiterdünsten. Jetzt gibt man die Pfefferschoten zum Ragout, vermengt alles gut und dämpft zugedeckt, bis das Fleisch gar ist.

Das sehr geschätzte Huhn. Wenn Tante Mélanie heute wiederkäme, sie verstünde die Welt nicht mehr. Denn sie schätzte das heute so verachtete Huhn als die feinste aller Fleischsorten und wußte einen Gast nicht mehr zu ehren als mit einem **coq au vin** oder einem **poulet chasseur.** Dazu

muß allerdings gesagt werden, daß sie einen wahren Kult mit dem Federvieh trieb und, obgleich sie einen eigenen Hühnerhof besaß, es bei besonderen Gelegenheiten nicht unter einem aus ihrer Vaterstadt importierten poulet de Bresse tat. Es dürfte auch der geneigten Leserin dieser Zeilen gelingen, sich ein Huhn aus dieser berühmten Zucht zu verschaffen; andernfalls halte sie sich an ein gut gemästetes Landhuhn, hüte sich aber vor den tiefgefrorenen Produkten moderner Hühnerfabriken.

Tante Mélanies Paradestück war der coq au vin. Das ist ein klassisches Gericht, mit dem aber heute selbst in seinem Herkunftsland Burgund viel Schindluder getrieben wird. Sein Gelingen hängt in erster Linie von der Güte des dazu verwendeten Weines ab. Da mache man es dann wie die Tante, der auch der beste Burgunder für coq au vin nicht zu schade war. **Coq au vin de Bourgogne – Hahn in Burgunder:**

1 Hahn oder Huhn von 1200 g, 1 Eßlöffel Geflügelfett, 2 Eßlöffel Butter, 2 Zwiebeln, 2 Knoblauchzehen, 1 Bouquet garni (Petersilie und Lorbeerblatt), 2 Flaschen weißer Burgunder, 12 kleine Zwiebelchen, 12 Speckscheiben, 12 Champignon-Hüte, 2 Eßlöffel Mehl, Salz und Pfeffer.

Der Hahn wird in 8 Stücke geschnitten, gesalzen und gepfeffert. In der Pfanne werden Geflügelfett und Butter heiß gemacht, die gehackten Zwiebeln und der Knoblauch dazu gegeben und die Geflügelstücke darin auf allen Seiten solange angebraten, bis sie eine leicht gelbliche Farbe angenommen haben. Nun stellt man ein Glas von dem Wein beiseite, gießt den Rest über das Geflügel, läßt aufkochen, rührt das Mehl mit dem beiseitegestellten Wein an, gießt es zur Sauce, läßt 30 bis 35 Minuten köcheln, nimmt die Geflügelstücke heraus und stellt sie warm. Nun wird die Sauce in ein Pfännchen gegeben und während anderthalb

Stunden auf kleinstem Feuer eingedickt. Inzwischen befaßt man sich mit der Garnitur: Die Zwiebelchen werden mit wenig Wasser, Butter, Salz und einer Prise Zucker goldgelb glaciert, die Speckscheiben geröstet, die Champignon-Köpfe in Butter gedämpft und mit Salz, Pfeffer und etwas Zitronensaft abgeschmeckt. Schließlich richtet man die Geflügelstükke auf einer vorgewärmten Platte an, umgibt sie mit der Garnitur und übergießt alles mit der eingedickten Wein-Sauce.

Weniger aufwendig ist **poulet au riz** – gekochtes Hühnchen mit Reis. Als erfahrene Köchin vermochte die Tante genau abzuschätzen, wieviel Hühnerbrühe für die Zubereitung des Reises benötigt wurde; sie fügte darum den Reis dem noch in der Brühe liegenden Huhn hinzu. Sicherer ist es, nach diesem Rezept zu verfahren; **Poulet au riz – Gekochtes Huhn mit Reis:**

1 Huhn von 1000-1200 g, 1 ½ l Hühnerbrühe, 1 Zwiebel, 6 Gewürznelken, 1 Bouquet garni, Zitronensaft, 4 Tassen Reis, 1 große Speckscheibe.

Dem Huhn werden Flügel und Schenkel mit Bindfaden zurückgebunden und die Brust mit einer großen Speckscheibe umwunden. Es wird in Hühnerbrühe mit der besteckten Zwiebel und dem bouquet garni weichgekocht und dann, mit etwas Brühe übergossen, warmgestellt.

Von der restlichen Brühe gießt man 8 Tassen in den Topf, gibt 4 Tassen Reis dazu und kocht auf kleinem Feuer 20 Minuten. Der Reis soll halb flüssig bleiben; droht er auszutrocknen, so gebe man während des Kochens Brühe bei. Er wird in einer tiefen Schüssel angerichtet und das Huhn daraufgelegt.

Tante Mélanies engere Heimat, das Département Ain, ist berühmt für ein Hühner-Frikassee, das mit frischem Estragon zubereitet wird. Wer dieses Kraut nicht zur Hand hat, füge der Sahne-Sauce vor dem Anrichten zwei Eßlöffel mit der Schere ganz fein geschnittenen Schnittlauch bei; das Gericht heißt dann **fricassée de poulet à la crème aux ciboulettes.** Hier Tante Mélanies Originalrezept; **Fricassée de poulet à la crème d'estragon – Hühner-Frikassee mit Estragon-Sauce:**

1 Huhn von 1200 g, 2-3 Estragon-Zweige, 2 dl kräftige Hühnerbrühe, 1 dl trockener Weißwein, 50 g Butter, 2 dl Sahne, 1 Prise Cayenne-Pfeffer, 1 Eßlöffel Estragon-Kraut (oder 2 Eßlöffel Schnittlauch), Salz und Pfeffer.

Das Huhn wird in vier Stücke geschnitten und in der Butter goldgelb angebraten. Man gibt die Estragon-Zweige in die Pfanne, begießt mit dem Wein und der Hühnerbrühe, salzt, pfeffert und läßt gar werden, was 20 bis 25 Minuten dauert. Dann nimmt man die Hühnerstücke heraus und stellt sie warm. Man gibt die Sahne zum Braten-Fonds und kocht sie unter ständigem Rühren solange, bis sie am Kochlöffel klebt, seiht sie durch, gibt den feingehackten Estragon (oder den Schnittlauch) dazu, schmeckt sie mit Cayenne-Pfeffer ab, gießt sie über das Huhn und serviert mit Trockenreis.

Im Herbst war bei Tante Mélanie das Huhn nach Jägerart Trumpf. Die dazu benötigten Pilze holten wir Kinder aus dem Wald. Man kann sie durch Zucht-Champignons oder gedörrte Pilze ersetzen. Nimmt man anstelle des Tomatenmarks frische Früchte, so genügen deren vier bis fünf.

Poulet sauté chasseur – Huhn nach Jägerart:

1 zartes, fleischiges Huhn, 100 g Pfifferlinge oder andere Pilze, 25 g Schalotten oder Zwiebeln, 1 Gläschen Cognac, 50 g Butter, 1 dl trockener Weißwein, 2 dl kräftige Fleischbrühe, 1 Kaffeelöffel Mehl, 2 Eßlöffel Tomatenmark, 1 Kaffeelöffel Estragon, 1 Kaffeelöffel Kerbel, 2 ½ Eßlöffel Öl, gehackte Petersilie, Salz und Pfeffer.

Das Huhn wird in acht Stücke zerschnitten, leicht gesalzen und gepfeffert und in einer Pfanne, die groß genug ist, um allen Stücken nebeneinander Platz zu bieten, in Öl und 25 g Butter auf allen Seiten gebraten, was bei einem zarten Huhn 20 bis 25 Minuten dauert; dann stellt man die Hühnerstücke warm.

Die Pilze werden in Streifen geschnitten, gewaschen und sehr sorgfältig getrocknet. Man brät sie im Braten-Fonds mit ganz wenig Öl leicht an, stäubt das Mehl darüber, gibt die gehackten Schalotten (oder Zwiebeln) dazu und schmort zwei, drei Minuten weiter. Der Cognac, der Wein und die Fleischbrühe werden dazugegossen, das Tomatenmark wird beigefügt. Man pfeffert und läßt 6 bis 7 Minuten auf kleinem Feuer köcheln. Dann stellt man das Feuer wieder groß, kocht die Sauce ein, bis sie sich auf ungefähr anderthalb Deziliter reduziert hat, nimmt sie vom Feuer, gibt den Estragon und den Kerbel dazu, fügt den Rest der Butter in Flocken bei und gießt sie, sobald die Butter geschmolzen ist, über die warmgestellten Hühnerstücke.

Wenn der »Herr Hauptmann« ein Kaninchen schoß . . . Die Wälder um das Dorf L., wo Onkel Alphons und Tante Mélanie wohnten, waren arm an Wild. Hirsch, Reh und Wildschwein kannte ich darum nur vom Hörensagen, und das einzige Haarwild, das auf den Tisch kam, waren Hase

Pfifferlinge, 2 Eßlöffel gehackte Zwiebeln, 1 Knoblauchzehe, 70 g Butter, 1 Eßlöffel gehackte Petersilie, ½ Flasche trockener Weißwein.

Der Speck wird in ganz kleine Würfel geschnitten, kurz in siedendem Wasser blanchiert und abgetropft. In einem Schmortopf werden 30 g Butter zum Schmelzen gebracht, die Speckwürfel darin leicht angeröstet, herausgenommen und beiseitegestellt. Nun stellt man das Feuer groß, gibt das in Stücke geschnittene Kaninchen in den Topf, brät es während zehn Minuten an, fügt die Zwiebeln und den Knoblauch hinzu und rührt solange um, bis die Zwiebeln eine schöne gelbe Farbe angenommen haben. Man gießt den Wein hinzu, fügt die Speckwürfel und die Pfifferlinge bei und läßt während 20 Minuten auf mittlerem Feuer schmoren. Jetzt nimmt man die Fleischstücke heraus, legt sie in eine vorgewärmte Schüssel und stellt sie warm. Die Sauce wird auf die Hälfte eingekocht. Man fügt die feingeschnittene Leber des Kaninchens bei, läßt noch einen Augenblick weiterköcheln, zieht den Topf vom Feuer, gibt unter ständigem Rühren den Rest der Butter in Flocken dazu, gießt die Sauce über die warmgestellten Fleischstücke und trägt auf.

Das Ragout und seine Vettern. Onkel Alphons bekundete eine ausgesprochene Vorliebe für schön weichgekochtes, von Sauce begleitetes Fleisch, und die Tante ging umso lieber darauf ein, als sie einem vielköpfigen Haushalt vorstand, der ihre Anwesenheit im Kinderzimmer und Geflügel-

hof, im Blumen- und Gemüsegarten bedingte. Da kamen ihr dann Gerichte, die gewissermaßen von alleine kochten, sehr gelegen. Den gleichen Vorteil weiß auch die Gastgeberin von heute zu schätzen. Denn während ihr Ragout auf dem Herd oder im Backofen köchelt, hat sie freie Hand für die Zubereitung der Vorspeise, des Zugemüses, Salats und Desserts. Ganz abgesehen davon, daß ein Ragout nicht einmal angerichtet werden muß: Es kommt in dem Topf, in welchem es geschmort hat, auf den Tisch.

Die Tante sprach nicht einfach von **ragoûts**, sondern unterschied zwischen diesen, **sautés**, **matelotes** und **fricassées.** Bei allen vier Bezeichnungen aber handelt es sich um Fleisch, das angebraten oder roh in einer Brühe anderthalb bis vier Stunden gekocht wird.

Beginnen wir mit dem Rezept für Rindsherz.

Tante Mélanie war der Ansicht, daß Zunge, Herz und Schweif zu den delikatesten Stücken des Ochsen gehörten und nur deshalb nicht nach Gebühr geschätzt würden, weil sie allesamt eine sehr lange Garzeit erfordern. Dieses Vorurteil besteht heute mehr denn je, obgleich es doch einerlei ist, wie lange der Topf auf dem Herd steht. Auch das Marinieren, das Tante Mélanies Rindsherz verlangt, sollte niemand davon abhalten, sich an dieses im übrigen einfache, wohlfeile und köstliche Gericht zu wagen. **Cœur de bœuf en matelote – Rindsherz in Rotwein:**

1 Rindsherz, Salz und Pfeffer, Thymian, 4 Lorbeerblätter, 4 Gewürznelken, ½ l Weinessig, 50 g Butter, 200 g Speck, 15 kleine Zwiebelchen, 15 Champignons, 1 Eßlöffel Mehl, ½ l Rotwein, 1 Knoblauchzehe, 1 Bouquet garni (Petersilie und Lorbeerblatt).

Das gut gewaschene und gereinigte Herz wird in mittelgroße Stücke geschnitten und über Nacht mit viel Thymian, den Lorbeerblättern, den Ge-

würznelken, Salz und Pfeffer in Weinessig mariniert.

Anderntags werden die Fleischstücke aus der Marinade genommen und sorgfältig abgetrocknet. Der in kleine Würfel geschnittene Speck wird in der Butter angebraten. Man gibt die Herzstücke und die Zwiebelchen dazu und läßt beides goldgelb werden, bestäubt alles mit Mehl, rührt noch einige Male um, gießt den Wein darüber, fügt das Petersiliensträußchen und den Knoblauch hinzu, salzt und pfeffert und läßt vier Stunden köcheln. Eine halbe Stunde vor dem Anrichten werden der Matelote einige zurückbehaltene Speckwürfel, die Champignons und etwas gehackte Zwiebel beigegeben. Vor dem Auftragen wird das Petersiliensträußchen entfernt.

Sehr delikat ist die Verbindung von Kalbfleisch mit Auberginen (Eierfrüchten). Sollten diese auf dem Markt nicht greifbar sein, so können sie durch ein Pfund frische oder eine Büchse eingemachte Pfefferschoten (piments doux) und 100 Gramm schwarze Oliven ersetzt werden. Im übrigen ist dann die Zubereitung dieselbe wie bei **Sauté de veau aux aubergines – Kalbsragout mit Auberginen:**

800 g Kalbsbrust, 2 mittlere Zwiebeln, 1 Eßlöffel Mehl, 1 Glas Weißwein, 2 Knoblauchzehen, 1 kg Auberginen, 250 g Tomaten, Salz, Pfeffer, Butter, Öl.

Die in ziemlich grobe Stücke geschnittene Kalbsbrust wird in halb Öl, halb Butter goldgelb angebraten. Man fügt die gehackten Zwiebeln hinzu und läßt auch sie Farbe annehmen. Nun wird alles mit Mehl bestäubt, mit dem Holzlöffel mehrmals umgerührt und mit dem Wein abgelöscht. Man fügt die in Würfel geschnittenen Auberginen und Tomaten und den Knoblauch hinzu, salzt und pfeffert, verrührt alles gut und läßt während anderthalb Stunden auf kleinstem Feuer köcheln.

Tante Mélanies **ragoût de porc mariné** war im Grunde nichts anderes als der auch bei unszulande früher sehr populäre Schweinspfeffer. Warum er aus der Mode gekommen ist, wissen die Götter. Denn er ist leicht zuzubereiten, schmeckt herzhaft und ist überdies preiswert. Hier das Rezept **Ragoût de porc mariné – Schweinspfeffer:**

800 g mageres Schweinefleisch, 30 g Kochbutter, 30 g Mehl, 1 Prise Zucker, 1 Zwiebel, 5 dl Fleischbrühe. Für die Marinade: 1 großes Glas Rotwein, 1 großes Glas Weinessig, 5 Wacholderbeeren, 1 Zwiebel, Lorbeerblatt, Nelken, Pfefferkörner.

Das Fleisch wird in mittelgroße Stücke geschnitten, mit der siedenden Marinade übergossen und zwei bis drei Tage bei gelegentlichem Umwenden darin belassen. Man läßt es abtropfen und trocknet es vor dem Anbraten sorgfältig ab. Nun läßt man in einem Topf die Butter rauchheiß werden, röstet das Mehl und den Zucker darin hellbraun an, läßt die gehackte Zwiebel eine Weile mitdünsten, löscht mit einer halben Tasse Marinade und der Fleischbrühe ab, gibt das Fleisch dazu und läßt eine Stunde, wenn nötig anderthalb Stunden zugedeckt köcheln.

Rind, Kalb und Schwein – auch der Hammel zählte zu Tante Mélanies Ragout-Favoriten. Sie verwendete dafür den Hals des Tieres und gebrauchte zum Anbraten anstelle von Butter und Öl für einmal Schweineschmalz. Hier das Rezept für **Collier de mouton en ragoût – Hammelhals-Ragout:**

800 g Hammelhals, 2 Eßlöffel Mehl, 1 Eßlöffel Schweineschmalz, 250 g kleine Zwiebeln, 1 kleine Büchse Tomatenmark, 750 g Kartoffeln, 200 g Magerspeck, Salz, Pfeffer, Bouquet garni.

Das Fleisch wird in grobe Stücke geschnitten und solange angebraten, bis es Farbe angenommen hat. Man salzt und pfeffert, gießt die Hälfte des Fettes ab, überstäubt mit Mehl, rührt gut um, gibt das Tomatenmark dazu, übergießt mit einem Liter Wasser und läßt eine Stunde leise köcheln. Inzwischen röstet man die Zwiebelchen mit dem in Würfel geschnittenen Speck an, schält die Kartoffeln, schneidet sie klein und gibt sie zusammen mit den Zwiebelchen und dem Speck zum Fleisch, vermengt alles gut und läßt zugedeckt eine weitere Stunde auf kleinstem Feuer köcheln.

Die Hohe Schule der Köchin: Terrinen und Pasteten. Als ich dreizehn Jahre alt war, durfte ich Tante Mélanie auf ihrem alljährlichen Familienbesuch in Bourg-en-Bresse begleiten. Wir reisten mit der Bahn, unterbrachen die Fahrt aber mehrere Male, weil mir die Tante die Schönheiten Burgunds zei-

gen wollte. Wenn wir dann zum Mittag- oder Abendessen einkehrten, wurde als Vorspeise immer **terrine de maison** bestellt. Denn an ihr erkenne man, erklärte mir die Tante, am sichersten die Kochkünste eines Wirts.

Das Axiom hat seine Gültigkeit bis heute erhalten. Erstaunlich ist nur, daß der Ruhm der französischen Terrinen nicht über die Landesgrenzen hinausgelangt; dabei sind sie, sofern man sie in einen Mantel aus Schweinefett packt, so haltbar wie Büchsenkonserven.

Auch die französischen Kochbücher sind dem, der sich mit dieser Köstlichkeit vertraut machen möchte, von kleinem Nutzen. Sie begnügen sich meist mit den Angaben der Grundregeln und überlassen die Zusammensetzung der Köchinnenphantasie. Sodann ist zu sagen, daß bei keinem anderen Gericht dem *savoir faire* soviel Gewicht zukommt wie bei diesem: Von zwei Terrinen, die von zwei Köchinnen nach dem genau gleichen Rezept gemacht wurden, kann die eine banal und die andere göttlich schmecken.

Man unterscheidet zwischen **terrines** und **pâtés.** Unter der Terrine versteht man die in einer feuerfesten Schüssel zubereitete, unter dem **pâté** die umbackene Pastete; die Füllung indessen ist in beiden Fällen die gleiche. Mit andern Worten: Man kann jedes Terrinen-Rezept für eine Mürbe- oder Blätterteigpastete verwenden und umgekehrt.

Tante Mélanie zog die Terrinen vor, weil diese auch ohne Eisschrank acht bis zehn Tage aufbewahrt werden können – vorausgesetzt, man bedecke die Schnittfläche von Mal zu Mal mit einer Speckscheibe.

Für ihre Terrinen gebrauchte die Tante runde, ovale und rechteckige, feuerfeste Schüsseln, deren Deckel ein Loch für den Abzug des Dampfes aufwiesen. Alle Terrinen wurden im Ofen und im Wasserbad gebacken. Dazu dienten ihr feuerfeste

Geschirre, die nur wenig größer als die Backformen waren, und in denen das Wasser etwa 3 cm hoch stand. Es wurde siedend eingefüllt und mußte während des Backens mehrmals ergänzt werden.

Für die Backzeit rechnete die Tante rund eine halbe Stunde pro Pfund Pastetenmasse; dann durchstach sie sie mit einer Stricknadel. War diese gleichmäßig heiß, so war die Terrine durchgebakken.

Abgesehen von der Gänseleber-Terrine besteht jede Terrine oder Pastete aus zwei Bestandteilen: Füllung und Garnitur.

Die Füllung oder *Farce* ist ein aus Fleisch und Speck hergestellter Teig, in welchen die Garnitur – Fleisch vom Schwein, Kalb, Geflügel oder Wild – eingebettet ist. Als Regel gilt, daß die Farce etwas mehr Fett als Magerfleisch enthalten soll.

Die Farce muß ein gleichmäßig feiner Teig sein. Früher wurde sie im Mörser hergestellt; heute treibt man Fleisch und Speck mehrere Male durch das feinste Sieb des Fleischwolfs. Das für die Farce verwendete Fleisch wird vor dem Zerkleinern gesalzen, gepfeffert und während einigen Stunden in eine Marinade gelegt, die aus Zwiebelscheiben, gehackten Karotten, einem Lorbeerblatt, einem Thymianzweig, Weißwein und Cognac besteht. Für die Farce wird in der Regel eine Mischung aus ¼ Kalb-, ¼ Schweinefleisch und ½ Speck verwendet. Sie kann aber auch aus derselben Fleischsorte wie die Garnitur gemacht werden; bei einer Hasenpastete also aus dem Extremitäten plus Speck usf.

Für die Garnitur eignet sich jede Art von Fleisch, Geflügel und Wild. Das Fleisch wird in feine, etwa fingerlange Stücke geschnitten. Es wird ebenfalls mariniert und roh verwendet; nur Geflügelleber brät man ganz kurz in Butter an.

Das Verhältnis von Farce und Garnitur ist in der Regel etwa eins zu eins, doch ist auch hier der Phantasie großer Spielraum belassen.

Das Prozedere ist nun das folgende:

Die Terrinen-Form wird ganz mit dünnen Speckscheiben ausgelegt. Darauf kommt eine etwa 3 cm hohe Farce-Schicht. Auf diese streut man einen Teil der Garnitur, bedeckt sie mit einer zweiten Farce-Schicht. Und so fort. Zuletzt kommt eine Farce-Schicht. Der Deckel wird aufgesetzt, das Wasserbad mit kochendem Wasser 3 cm hoch gefüllt und alles in den vorgeheizten Ofen geschoben, dessen Temperatur etwas über der für einen Braten gültigen zu bestehen hat. Eine Viertelstunde vor dem Ende der Backzeit wird der Deckel abgehoben, damit sich eine leichte Kruste bildet.

Wichtig ist, daß die Terrine ganz ausgekühlt, also frühestens einen Tag, nachdem sie gebacken wurde, auf den Tisch kommt.

Wer sich zum erstenmal an eine Terrine wagt, halte sich an dieses, vom berühmten Koch Raymond Oliver stammende Rezept **Terrine de volaille – Geflügel-Terrine:**

I. Die Füllung (Farce): 150 g Kalbfleisch, 200 g Schweinefleisch, 1 Ei, Salz und Pfeffer, 1 Gläschen Cognac, 1 Gläschen Portwein, Speckscheiben für die Umhüllung, Weißwein für die Marinade, 8 Geflügellebern, Butter, Salz, Pfeffer, 1 Lorbeerblatt und Thymian.

Kalb- und Schweinefleisch werden mit dem

Fleischwolf zu einem ganz feinen Teig verarbeitet und dann gut mit dem Ei, dem Cognac und dem Portwein, Salz und Pfeffer vermengt.

Die Geflügellebern brät man mit dem Lorbeerblatt und dem Thymian rasch an.

II. Die Garnitur: 150 g Geflügelfleisch, 150 g Kalbfleisch, 200 g Schweinefleisch, 1 Zwiebel, 2 Karotten, 1 Lorbeerblatt, 1 Thymianzweig, 15 Pfefferkörner, 2 dl Cognac.

Das Fleisch wird in kleinfingerdicke, möglichst lange Streifen geschnitten und mit den erwähnten Zutaten einige Stunden mariniert.

Nun legt man die Terrinen-Form mit Speckscheiben aus, bedeckt den Boden mit einem Drittel der Füllung und streut die angebratenen Geflügellebern darüber. Darauf kommt die Hälfte des marinierten Fleisches, dann eine Schicht Speckwürfel, eine Schicht Füllung, die zweite Hälfte der Garnitur und als letztes eine Schicht Füllung. Man deckt mit Speckscheiben zu, setzt die Form ins heiße Wasserbad und stellt sie ohne Deckel in den mittelstark vorgeheizten Ofen. Sobald die Speckschicht Farbe angenommen hat, setzt man den Deckel auf und bäckt weiter – bei einer Terrine mit der oben angegebenen Zusammensetzung eine gute Stunde. Dann macht man die Stricknadelprobe. Ist die Terrine gar, so läßt man sie etwas auskühlen und legt dann ein Brettchen, das in die innere Öffnung der Form paßt, darauf und beschwert es mit einem Gewichtstein. Dadurch erhalten Füllung und Garnitur eine gleichmäßig feste Konsistenz.

Wo sind die Saucen von damals? Tante Mélanie hat den Verfall der Saucen-Kunst nicht mehr erlebt. Zu ihrer Zeit galt das Gelingen einer **sauce espagnole** oder **sauce suprême** noch als Gradmesser einer Köchin, und unvorstellbar war es, daß ein bestimmtes Fisch- oder Fleischgericht ohne

die ihm gemäße Sauce auf den Tisch kam. Für eine sogenannte **grande sauce** war ihr dann auch kein Aufwand und keine Mühewaltung zu viel; auf eine **sauce madère** zum Beispiel verwandte sie zwei gute Arbeitsstunden, und für eine **sauce bordelaise** stand sie ebensolange hinter dem Herd.

Die Tatsache, daß eine gute Sauce Weile haben will, dürfte die Hauptschuld an der heutigen Vernachlässigung dieses Zweiges der Kochkunst tragen. Auch sind für die Mehrzahl der französischen »großen Saucen« frische Trüffeln unumgänglich; da zeigt es sich dann, daß unsere in kulinarischen Dingen so verwöhnte Epoche manchen echten Luxus entbehrt. Und schließlich mag die Angst vor zusätzlichen Kalorien zum Saucen-Niedergang beigetragen haben.

Der weitverbreiteten Abneigung gegen Saucen eingedenk, kann ich es mir doch nicht versagen, einige Glanzstücke aus Tante Mélanies Repertoire in Erinnerung zu rufen. Ich verzichte dabei auf die allzu aufwendigen und zeitraubenden Beispiele, komme aber nicht darum herum, mit einem Rezept zu beginnen, das über eine Stunde in Anspruch nimmt; doch ist zu bedenken, daß davon der größte Teil auf das Garwerden in der Ofenröhre entfällt.

Ich beginne mit der **sauce soubise** genannten Zwiebel-Sauce, die eine ideale Zugabe zu gekochtem Fisch oder Siedfleisch darstellt. **Sauce soubise – Weiße Zwiebel-Sauce:**

250 g Zwiebeln, 60 g Butter, 2 Eßlöffel Sahne, 12 g Mehl, 2 ½ dl Fleischbrühe oder Milch, Salz, Pfeffer, Muskatnuß, 1 Prise Zucker.

Die Zwiebeln werden in papierdünne Scheiben geschnitten. Handelt es sich um eine scharfe Sorte, so empfiehlt es sich, sie zu blanchieren, das heißt sie in kaltes Wasser zu geben, dieses zum Kochen zu bringen und 5 Minuten sprudeln zu lassen. Dann werden die Zwiebelscheiben gut abgetropft. Man gibt sie mit 40 g Butter in einen Topf und dämpft sie auf schwachem Feuer, wobei man darauf achtet, daß sie keine Farbe annehmen. Nun streut man das Mehl darüber, rührt gut um, dämpft zwei Minuten weiter, gießt die Fleischbrühe oder die Milch dazu, bringt zum Kochen, würzt mit Salz, weißem Pfeffer, wenig Muskatnuß und einer Prise Zucker, deckt zu und stellt den Topf in den vorgeheizten Ofen, wo die Sauce eine gute Stunde leise köcheln muß. Man passiert sie durch ein feines Sieb, läßt sie nochmals aufkochen, fügt die restlichen 20 g Butter und zwei Eßlöffel Sahne hinzu und stellt sie bis zum Auftragen ins Wasserbad.

Wer Zwiebeln nicht mag, halte sich an eine andere weiße Sauce, die nach dem Herzog von Mornay, einem Halbbruder Napoleons III., benannt ist. Es handelt sich um eine Béchamel-Sauce, der geriebener Käse beigefügt wird. Sie eignet sich ebenfalls für gekochten Fisch und alle weißen Fleischsorten; Tante Mélanie übergoß damit Blumenkohl, Kohlrabi und andere Gemüse mit wenig ausgeprägtem Eigengeschmack. Ihre Herstellung spielt sich gewissermaßen in zwei Akten ab. **I. Sauce Béchamel maigre – »Magere« Béchamel-Sauce:**

50 g Zwiebeln, 50 g Karotten, 50 g Lauch, 30 g Mehl, 30 g Butter, ½ l Milch, Muskatnuß, Salz und Pfeffer.

In einem Topf werden die Gemüse während 10 Minuten auf schwachem Feuer gedämpft. Dann gibt man sie auf einen Teller und bereitet im selben Topf mit der Butter und dem Mehl eine weiße Schwitze, die man mit der kochenden Milch unter ständigem Schlagen mit dem Schneebesen ablöscht.

Man gibt die Gewürze dazu, läßt aufkochen, fügt die Gemüse bei und läßt alles eine gute halbe Stunde köcheln, wobei man des öfteren umrührt. Dann passiert man die Sauce durch ein Sieb, wobei man darauf achtet, daß die Gemüse ganz darin zurückbleiben. **II. Sauce Mornay:**

½ l Sauce Béchamel, 100 g geriebener Käse, 4 Eigelb, 4 Eßlöffel Sahne.

Während die Béchamel-Sauce noch am Köcheln ist, verquirlt man 4 Eigelb mit ebensovielen Löffeln süßer Sahne, gibt etwas von der heißen Sauce dazu, streut unter ständigem Rühren mit dem Schneebesen den geriebenen Käse dazu und schüttet die Masse, sobald sie gut vermengt ist, in die Béchamel-Sauce, läßt noch einmal aufkochen und zieht den Topf vom Feuer. Als Käse eignet sich am besten eine Mischung aus halb Emmentaler, halb Parmesan.

Die klassische Begleiterin zu gebratenem und grilliertem Fisch und Rindfleisch ist die **sauce béarnaise**. Ihre Zubereitung benötigt nur knapp eine Viertelstunde, doch setzt sie das Vorhandensein von zwei Dingen voraus: Schalotten und Estragon. Der bequeme Ausweg, anstelle von Schalotten einfach Zwiebeln zu verwenden, ist hier nicht gangbar, wenn man das unverwechselbare Aroma dieser Sauce erreichen will. **Sauce béarnaise:**

Für den Kräuterextrakt: 4 Eßlöffel Estragon-Essig, 4 Eßlöffel Weißwein, 15 g Schalotten, 1 Zweiglein Estragon, 2 Zweiglein Kerbel, 5 weiße Pfefferkörner.

Für die Sauce: 3 Eigelb, 175 g Butter, 1 Kaffeelöffel gehackter Estragon, 1 Kaffeelöffel gehackter Kerbel.

Zuerst bereitet man den Kräuterextrakt, indem man Schalotten, Estragon, Kerbel und Pfefferkörner in Estragon-Essig und Weißwein langsam solange einkocht, bis sich die Flüssigkeit auf ein Viertel des ursprünglichen Volumens reduziert hat. Dann seiht man den Extrakt durch ein feines Sieb und läßt ihn erkalten.

Die Sauce selbst wird wie eine Sauce hollandaise im Wasserbad zubereitet. Man gibt den Kräuterextrakt mit den Eigelb in ein Pfännchen, verrührt beides mit dem Schneebesen, gibt 15 g Butter in Flocken dazu, taucht das Pfännchen ins Wasserbad und rührt beständig weiter, bis sich die Masse zu binden beginnt. Nun fügt man unter ständigem Rühren die restliche Butter nach und nach, und zwar in ganz kleinen Stücken, hinzu. Wenn alle Butter aufgebraucht ist, soll eine dickflüssige Sauce von der Konsistenz einer Mayonnaise entstanden sein. Nun gibt man den gehackten Estragon und den Kerbel dazu und serviert die Sauce lauwarm zu Fisch oder Fleisch.

Über den Umgang mit Gewürzen. In Tante Mélanies Küche gab es ein zweistöckiges Regal, auf dem in hermetisch verschlossenen, französisch etikettierten Glastiegeln alle gängigen Gewürze in Reichweite standen. Die Tante machte indessen nur selten Gebrauch davon; lediglich die beiden

Mühlen mit weißem und schwarzem Pfeffer traten täglich in Aktion. Auch das Kräutergärtchen, in welchem Petersilie und Schnittlauch, Kerbel und Estragon, Rosmarin und Thymian gezogen wurden, stand oft tagelang ungenutzt. Später habe ich festgestellt, daß die Zurückhaltung, welche die Tante den Gewürzen und den Küchenkräutern gegenüber an den Tag legte, ein Hauptmerkmal der französischen Küche ist, und von den Hausfrauen sowohl wie von den Berufsköchen dieses Landes geteilt wird. Sie erklärt sich aus dem Bestreben, den Eigengeschmack einer Fleischsorte oder eines Gemüses zu erhalten; *wenn* darum Gewürze überhaupt verwendet werden, dann in so winzigen Dosen, daß dieser Eigengeschmack zwar gesteigert und abgerundet, keinesfalls aber übertönt wird.

Besonders vorsichtig war die Tante bei der Verwendung von Gewürznelken und Lorbeerblättern. Sie besteckte die Zwiebel, die der Fleischbrühe oder dem Kalbsragout beigegeben wurde, mit einer einzigen Nelke, und wenn sie die Verwendung von Lorbeer als notwendig erachtete, begnügte sie sich meist mit der Hälfte eines Blattes, um das Hervorstechen dieses heftigen Gewürzes ja zu vermeiden. Auch mit der Muskatnuß ging sie sehr sparsam um: Zwei, drei Striche mit der Nuß über die kleine Blechraffel genügten ihr in den meisten Fällen.

Großzügiger ging die Tante mit dem Knoblauch um. Das mochte mit ihrer Herkunft zusammenhängen; denn ihre engere Heimat war nicht allzu ferne von der knoblauchduftenden Provence gelegen. Wenn ich ihr beim Grillieren von Lammkoteletten an die Hand ging, mußte ich mit einem spitzen Messer eine kleine Tasche hart am Knochen stechen und in diese den Splitter einer Knoblauchzehe versenken. Der Hammelkeule wurden drei, dem Lamm-Ragout sogar fünf Knoblauchzehen zugestanden; aber nur, wenn das Gericht ausgesprochen provenzalischen Charakter haben sollte, entschloß sich die Tante zu freizügigem Gebrauch südlicher Gewürze. So etwa für **Tomates à la provencale – Gratinierte Tomaten, provenzalisch:**

8 Tomaten, 4 Eßlöffel Olivenöl, 2 Knoblauchzehen, 1 Eßlöffel Paniermehl, je ein Dessertlöffel Kerbel, Petersilie, Basilikum. Salz und Pfeffer.

Die Tomaten werden quer halbiert, Fruchtwasser und Kerne ausgedrückt. Man brät sie auf der Schnittfläche auf ganz kleinem Feuer während 5 bis 10 Minuten, wendet sie und brät, immer bei geringer Hitze, weiter. Dann gibt man sie sorgfältig in eine feuerfeste Form, salzt und pfeffert, gibt in jede Fruchthälfte etwas von dem Hack aus Knoblauch, Petersilie, Kerbel und Basilikum, überstäubt mit Paniermehl und überbäckt bei starker Oberhitze während fünf Minuten.

Auch bei Pilzgerichten entschloß sich die Tante gelegentlich, dem Knoblauch sozusagen die Rolle der ersten Geige zuzugestehen. Hatten wir Kinder Finderglück gehabt und einen Korb voll Pfifferlinge, Herbsttrompeten, Maronenbrätlinge oder auch ein buntes Pilzgemisch nach Hause gebracht, so gab es bei der nächsten Mahlzeit als Vor- und Hauptgericht **Champignons sautés à l'ail – Geschmorte Pilze mit Knoblauch:**

500 g Pilze, 75 g Butter, 4 Knoblauchzehen, 1 Eßlöffel gehackte Petersilie, Salz und Pfeffer.

Die Pilze werden in nicht zu dünne Scheiben geschnitten, gesalzen und gepfeffert und in Butter geschmort. Vor dem Anrichten streut man den Knoblauch und die Petersilie, beides fein gehackt, darüber.

Man kann dieses Gericht auch mit Zucht-Champignons zubereiten, nur muß man dann das zwischen diesen und Waldpilzen bestehende Geschmacksgefälle in Kauf nehmen ...

Auch bei grünen Bohnen wurde in Tante Mélanies Küche der Knoblauch nicht mitgekocht, sondern roh und sehr fein gehackt über das fertige Gericht gestreut. Die geputzten Bohnen wurden in stark wallendes Salzwasser gegeben und 20 Minuten gekocht, wobei man darauf achtete, daß das Wasser stets lebhaft sott. Dann wurden die Bohnen in einem Sieb gut abgetropft, in den Topf zurückgegeben und mit reichlich frischer Butter – etwa 100 Gramm – einige Minuten gedünstet. Erst dann wurde der feingehackte Knoblauch darübergestreut, das Gemüse noch einmal umgerührt und sogleich aufgetragen.

Unter den Küchenkräutern war der Estragon Tante Mélanies erklärter Liebling. Da sie sein eigentümliches Aroma auch in der kalten Jahreszeit nicht missen mochte, sterilisierte sie ihn in kleinen Fläschchen – ein kompliziertes Verfahren, das im Zeitalter des Tiefgefrierens gegenstandslos geworden ist. Der Estragon wurde auch getrocknet, indem man drei, vier ganze Pflanzen zusammenband und an einem luftigen Ort aufhängte. Und schließlich war immer eine Flasche Estragon-Essig griffbereit, der durch Einlegen von sorgfältig verlesenen Estragonblättchen in besonders starkem Weinessig hergestellt wurde. Seinen Triumph feierte dieses Küchenkraut im **Poulet à l'estragon – Estragon-Huhn:**

1 Brathuhn, 100 g Butter, 50 g fetter Speck,

2 Zwiebeln, 2 Karotten, ¾ l Fleisch- oder Hühnerbrühe, 1 Eßlöffel Madeira, 3 große Zweige Estragon, 1 Kaffeelöffel Maizena, Salz und Pfeffer.

Der Speck, die Hühnerleber und das Laub des einen Estragonzweiges werden fein gehackt und in das Huhn eingefüllt.

Man bringt in einer gutverschließbaren Bratpfanne die Butter zum Schmelzen und schmort darin die feingehackten Zwiebeln und Karotten auf kleinem Feuer leicht an. Das mit Bindfaden dressierte, gefüllte Huhn wird daraufgelegt, die Bratpfanne zugedeckt und alles während zwanzig Minuten auf ganz kleinem Feuer gedämpft. Dann gießt man die Brühe hinzu, salzt und pfeffert, setzt den Deckel wieder auf und läßt eine knappe Stunde leise köcheln.

Man nimmt das Huhn heraus, stellt es warm, passiert die Sauce durch ein feines Sieb, schüttet sie in die Bratpfanne zurück, hackt den restlichen Estragon sehr fein und gibt ihn mit einem Eßlöffel Madeira dazu. Nun kocht man die Sauce solange, bis sie zur Hälfte verdampft ist, bindet sie mit Maizena oder einem andern Stärkemehl, benetzt damit das Huhn und trägt den Rest in einer Saucen-Schüssel auf.

Die Tante und das Ei. In Tante Mélanies Hühnerhof gackerten so um die vierzig Hennen; sie wußte darum über die Frische der in ihrer Küche verwendeten Eier immer genau Bescheid. Das hatte seine Wichtigkeit, weil das Gelingen vieler Eierspeisen mit dem Alter des Eis steht und fällt. Po-

chierte Eier zum Beispiel gelingen nur dann, wenn das verwendete Rohmaterial den Namen Trinkei auch tatsächlich verdient.

Ein pochiertes Ei zu machen ist keine Hexerei. Man füllt einen Topf zu drei Vierteln mit Wasser und gibt zwei Eßlöffel Essig dazu. Wenn das Wasser siedet, schlägt man das Ei in eine Bouillontasse auf, läßt es schnell aber sanft in den Sud gleiten, stellt das Feuer klein und pochiert drei Minuten. Dabei soll der Dotter vom Eiweiß gänzlich umschlossen werden. Dann hebt man das Ei mit der Schaumkelle sorgfältig heraus und gibt es, sofern es nicht sogleich konsumiert wird, in eine Schüssel mit heißem Wasser.

Diese Operation gelingt, wie gesagt, nur mit nestfrischen Eiern. Was aber, wenn diese nicht zur Hand sind? Dann behilft man sich in Fällen, wo ein Rezept pochierte Eier vorschreibt, mit jener Zubereitungsart, die auf französisch **œufs mollets** heißt.

Diese »halbweichen« Eier werden fünf Minuten gekocht und unter dem kalten Wasserstrahl rasch abgekühlt. Dann beklopft man die Schale ringsum so, daß lauter kleine Sprünge entstehen; worauf sie sorgfältig abgezogen wird.

Tante Mélanie verwendete pochierte und »halbweiche« Eier für eine ganze Reihe von Vorspeisen. Diese wurden stets nach dem gleichen Prinzip gemacht: Für jedes Ei wurde eine von der Kruste befreite Brotscheibe in Butter kurz geröstet, das Ei daraufgelegt und alles mit einer reichen Sauce übergossen. (Auch für einen leichten Lunch eignet sich diese Zubereitungsart vorzüglich; nur braucht es dann zwei bis drei Eier pro Person.) Jede dickflüssige Sauce eignet sich für **œufs pochés** oder **œufs mollets sur croute;** so etwa die im Saucen-Kapitel beschriebene **sauce Mornay,** eine mit Sahne und Champignons angereicherte **sauce Béchamel,** eine sämige, mit gehacktem Basilikum oder Dill gewürzte Tomaten-Sauce, oder aber eine **Sauce Madère – Madeira-Sauce.**

75 g Butter, 50 g Mehl, 1 großes Glas Fleischbrühe, 1 Weinglas Madeira, Salz, Pfeffer.

In einem Sauce-Pfännchen läßt man die Butter auf schwachem Feuer schmelzen und leicht bräunen. Das Mehl wird dazu gegeben und solange geröstet, bis es die Farbe der Haselnuß angenommen hat. Dann gießt man nach und nach und unter ständigem Rühren mit dem Schneebesen die Fleischbrühe und zuletzt den Wein dazu, schmeckt mit Salz und Pfeffer ab und läßt noch einige Minuten köcheln.

Waren viele Esser am Tisch, so servierte Tante Mélanie die pochierten oder »halbweichen« Eier **au gratin.** Das hatte den Vorteil, daß das Gericht im voraus zubereitet werden konnte und vor dem Auftragen nur kurz überbacken wurde. Sie ordnete die gerösteten Brotschnitten auf dem Boden einer leichtgebutterten, feuerfesten Form an, belegte jede mit einem pochierten oder »halbweichen« Ei, goß die Sauce darüber, bestreute das Ganze mit Butterflocken und überbuk bei starker Oberhitze. Für **œufs pochés au gratin** rechnete sie mindestens einen halben Liter Sauce für vier Personen. **Œufs brouillés – Rühreier** machte die Tante nicht auf dem Feuer, sondern im Wasserbad. Dabei ging sie folgendermaßen vor: In eine dickwandige Eisenpfanne wurden pro Person drei Eier geschlagen, gesalzen, gepfeffert und gut zerquirlt. Dann wurde die Pfanne ins Wasserbad gesetzt und der Eierbrei mit dem Schneebesen solange gerührt, bis er die ersten Anzeichen von Festwerden zeigte. Erst jetzt wurde die in kleine Stückchen geschnittene Butter unter ständigem Rühren beigegeben. Sobald die Eier dickflüssig, aber noch nicht eigentlich gestockt waren, wurden sie auf bereitgestellte, heiße Teller angerichtet. Von dieser Methode, die sie für die einzig richtige erklärte, ging die Tante nur ab für die Zubereitung von

Œufs brouillés verts – Grüne Rühreier:

8 - 10 Eier, 50 g Speckwürfel, 1 Glas Sahne, 1 Handvoll Spinatblätter, 2 Eßlöffel gehackte Petersilie, 12 Zwiebelröhrchen.

Spinat, Petersilie und Zwiebelröhrchen werden fein gehackt und mit den Speckwürfeln gedünstet. Man zerquirlt die Eier mit der Sahne und einer Prise Salz, schüttet sie über das Grünzeug, rührt auf schwachem Feuer um und richtet an, solange alles noch dickflüssig ist.

Für die Omeletten besaß die Tante eine schwere Eisenpfanne, die nie, aber wirklich gar nie zu einem andern Zweck Verwendung fand. Bei der Zubereitung achtete sie auf folgende Grundregeln: Die Eier mußten mit der Gabel gut verrührt, aber nicht geschlagen werden; Salz und Pfeffer wurden erst im letzten Augenblick hinzugegeben; die Butter hatte, wenn die Eier in die Pfanne kamen, sehr heiß zu sein, dann aber mußte das Feuer sogleich kleingestellt werden. Hier aus dem reichen Omeletten-Programm der Tante zwei Beispiele:

Omelette au parmesan – Käse-Omelette:

8 Eier, 100 g Parmesan, 100 g Butter, Salz und Pfeffer.

Die Eier werden mit der Hälfte des Parmesans

verrührt. In der Omelette-Pfanne läßt man wenig Butter heiß werden und macht aus einem Viertel der Masse eine kleine Omelette, die man zusammenrollt und in eine gebutterte, feuerfeste Schüssel legt. Die Prozedur wird dreimal wiederholt, dann überstreut man die vier Omeletten mit dem restlichen Parmesan, gibt die übriggebliebene Butter in Flocken darauf und überbäckt kurz.

Œufs bonne femme – Eier nach Großmutterart:

8 Eier, 100 g gekochter Schinken, 30 g Butter, 8 kleine, geröstete Brotschnitten, 4 Eßlöffel Milch, Salz und Pfeffer.

Eine feuerfeste Schüssel wird mit den in Butter gerösteten Brotschnitten ausgelegt. Man verquirlt die Eier mit der Milch, salzt, pfeffert und gibt den kleingeschnittenen Schinken dazu. Die Masse wird über die Brotschnitten gegossen, die Schüssel in den Backofen geschoben und solange darin belassen, bis die Eier zwar gestockt, aber noch nicht ganz festgeworden sind.

»Professor Reis«. Dr. K., ein Jugendfreund meines Onkels Alphons, lehrte Latein und Griechisch am Gymnasium des Nachbarstädtchens. Er war ein regelmäßiger Gast des Hauses und hatte von Tante Mélanie den Spitznamen **professeur Riz** erhalten, weil er Reis über alles liebte. Ihm zu Ehren gab es Reis in irgendeiner Form, sooft er uns besuchte: als Vorspeise, als Nachtisch oder als Beigabe zum Fleischgericht.

Zu Saucen-Fleisch kochte die Tante einen **riz créole** oder Trockenreis.

Dafür verwendete sie stets indischen Reis, der in sprudelndem Salzwasser mit einer halben Zitrone 15 Minuten gekocht wurde. Dann goß sie das Wasser bis auf den letzten Tropfen ab, setzte den zugedeckten Topf wieder auf die heiße Herdplatte und schüttelte und rüttelte ihn solange, bis der Reis trocken war. Da die Tante diese Operation mit großem Geschick ausführte, war das Ergebnis immer untadelig. Weniger erfahrenen Köchen sei geraten, den Reis nach dem Abgießen auf ein mit Pergamentpapier oder Alufolie bedecktes Blech zu schütten und im mittelheißen Ofen während 15 bis 20 Minuten zu trocknen. Aber Vorsicht: der Reis darf bei dieser Prozedur nur trocknen, nicht aber austrocknen! Auch empfiehlt es sich, den Reis von Zeit zu Zeit mit einer Gabel sanft zu wenden.

Als Beigabe zu Siedefleisch machte die Tante jedesmal, wenn uns Dr. K. besuchte, **Riz au gras – Bouillon-Reis:**

Das ist die französische Variante des italienischen Risotto. Der Reis wird vorgängig in sprudelndem Salzwasser kurz blanchiert. Man gießt ihn ab, gibt ihn in einen Topf und gibt soviel kräftige Fleischbrühe dazu, daß die Flüssigkeit mindestens das Doppelte des Reises beträgt. Nach dem Aufkochen wird der Topf zugedeckt in den Backofen gestellt, wo man den Reis ohne ihn je umzurühren 20 Minuten köcheln läßt. Salzen erübrigt sich, da der Reis in Salzwasser blanchiert wurde und ihm die Fleischbrühe die nötige Schärfe verleiht. Gegen Ende der Kochzeit prüft man nach, ob die Flüssigkeit bereits ganz aufgesogen sei; ist dies der Fall, so gießt man noch etwas Brühe nach. Denn **riz au gras** soll nicht trocken, sondern zähflüssig sein.

Wurde der Reis als Vorspeise serviert, so machte die Tante, je nach Jahreszeit, **riz aux champignons** (Pilzreis) oder **riz aux poivrons** (Pfefferschotenreis). **Riz aux champignons – Pilzreis:**

200 g Champignons oder 1 Beutel gedörrte Pilze, 30 g Butter, 2 - 3 Tassen Reis, 6 - 8 Tassen kräftige Fleischbrühe, Muskatnuß, weißer Pfeffer, Salz.

Die Pilze werden geputzt, kleingeschnitten, leicht gesalzen und auf mäßigem Feuer so lange im eigenen Saft geschmort, bis dieser zur Gänze wieder aufgesogen ist. Man gibt die Butter, weißen Pfeffer und Muskatnuß dazu, dünstet einige Minuten weiter und mischt das Pilzgemüse unter den Bouillon-Reis, bevor dieser in die Backröhre gestellt wird.

Genau dieselbe Behandlung erfahren die grünen, roten oder gelben Pfefferschoten, wenn anstelle von Pilz- Pfefferschotenreis auf dem Menü steht. *Professeur Riz* war aber nicht nur ein erklärter Reisliebhaber – er schätzte auch Süßes über alles. War darum der Reis als Vorspeise oder Fleischbeigabe für einmal ausgefallen, so regalierte Tante

Mélanie ihren Gast mit süßem Reis in Form von Puddings, Flammeris, Aufläufen oder Torten, die teils mit frischen, teils mit eingemachten Früchten gefüllt oder von einer Beeren-Sauce begleitet waren.

Ich versage es mir, des näheren auf diese Köstlichkeiten einzugehen, weil man damit bei unsern kalorienbewußten Zeitgenossen doch nur Körbe erntet. Wer aber Kinder zu Gast hat, kann diesen keinen größeren Spaß bereiten als mit einem **riz à l'Impératrice;** und auch die Erwachsenen werden diesem Gaumen- und Augenschmaus schwerlich widerstehen können.

Tante Mélanie hatte dafür zwei Rezepte: ein einfaches, das werktags und *en famille* Geltung hatte, und ein aufwendigeres, das den Besuchen von Dr. K. vorbehalten war. Zuerst das einfache;

Riz à l'Impératrice (simple):

200 g Carolinen-Reis, 1 l Milch, 50 g Zucker, 1 Vanille-Schote, 200 g kandierte Früchte, 2 Gläschen Kirschwasser, Johannisbeer-Sauce oder Himbeersirup.

Der Reis wird vorgängig in sprudelndem Wasser zwei Minuten blanchiert, abgetropft und zusammen mit der Vanille-Schote in die gezuckerte, kochende Milch gegeben und weichgekocht, was 15 bis 20 Minuten beanspruchen dürfte. Inzwischen hat man die kandierten Früchte (Kirschen, Orangen, Ananas, Mirabellen usf., auch etwas Cedrat) kleingeschnitten und mit einem Gläschen Kirschwasser mariniert. Sie werden dem gargekochten, vom Feuer gezogenen Milchreis nebst einem zweiten Gläschen Kirschwasser beigefügt, worauf man alles gut vermischt. Dann füllt man die Masse in eine mit Mandelöl ausgepinselte Form und stellt sie kalt. Vor dem Servieren wird sie in eine tiefe Schale gestürzt und mit viel dünnflüssigem Johannisbeer-Gelee oder Himbeersirup – beides eisgekühlt – übergossen.

Und nun die üppigere Variante, von der Dr. K. mit dem Brustton der Überzeugung zu sagen pflegte: »Darüber geht mir nichts!« **Riz à l'Impératrice (riche):**

Zutaten wie für das vorhergehende Rezept; dazu kommen ½ l Sahne, 2 dl Milch, 50 g Zucker, 3 Eidotter, 5 g Gelatine, 1 Prise Salz.

Der Milchreis wird nach obigem Rezept bereitet. Nun macht man mit den erwähnten Zutaten eine Crème anglaise: Die Eidotter werden in einem Schüsselchen mit dem Schneebesen gut verrührt, dann gibt man unter ständigem Rühren die heiße, gezuckerte und mit einer Prise Salz abgeschmeckte Milch nach und nach dazu. Die Crème wird in ein Pfännchen gegeben und auf ganz kleinem Feuer mit dem Kochlöffel solange weitergerührt, bis sie eine leicht sämige Konsistenz angenommen hat. Nun wird der Reis in eine große Schüssel gegeben. Man fügt ihm die Crème anglaise, die zerkleinerten, kandierten Früchte, die in Wasser aufgelöste Gelatine hinzu, vermengt alles gut, zieht die steifgeschlagene Sahne darunter, und verfährt im übrigen wie bei Riz à l'Impératrice simple.

Zwei Tanten am Nudelbrett. Bei Tante Mélanie kamen nur hausgemachte Nudeln auf den Tisch. Auch ihre Schwägerin Klara hielt es nicht anders, beide Damen aber arbeiteten nach verschiedenen Methoden, und jede behauptete, die allein richtige zu kennen. Da dieser Streit nie entschieden

wurde, und mir beide Zubereitungsarten schmeckten, notiere ich das eine und das andere Rezept für **Nudelteig.**

Tante Klara häufte auf ihrem Wirkbrett ein Pfund Mehl zu einem kleinen Vulkan, in dessen Krater sie sieben ganze Eier schlug. Diese wurden mit einer Gabel verrührt und dann nach und nach von Hand mit dem Mehl verknetet. Nach zwanzig Minuten etwa entstand eine glatte, ziemlich feste Masse, die die Tante für eine Viertelstunde zugedeckt in einer Schüssel ruhen ließ. Dann wurde sie in acht gleich große Teile geschnitten, die nacheinander auf das Nudelbrett kamen, ganz dünn ausgewallt, in schmale Streifen geschnitten und auf ein Tuch zum Trocknen gelegt wurden.

Waren die Nudeln zum sofortigen Gebrauch bestimmt, so wurde dem Teig ein Kaffeelöffel Salz beigegeben; sollten sie einige Tage aufbewahrt werden, fiel, um ein Feuchtwerden zu verhindern, das Salzen weg.

Tante Mélanie ging in genau gleicher Weise vor, nur berechnete sie auf ein Pfund Mehl neun statt nur sieben Eier, brauchte davon jedoch nur die Dotter und ersetzte die so verminderte Flüssigkeit durch zwei Eßlöffel Wasser.

Einig waren sich die Tanten in bezug auf die Herstellung von Spinatnudeln, die Tante Mélanie lazagnes vertes nannte – eine Französisierung der italienischen lasagne verde. **Lazagnes vertes – Breite Spinatnudeln:**

100 g Spinat, 500 g Mehl, 2 Eßlöffel Olivenöl, 100 g Butter, 50 g geriebener Käse.

Wie bei der Zubereitung von Nudelteig wird das Mehl zu einem kleinen Berg gehäuft, in dessen Spitze man eine Höhlung gräbt. Darein schlägt man die Eier, gibt das Öl, eine Prise Salz und ein wenig kaltes Wasser dazu und verknetet alles gut.

Nun kocht man den Spinat rasch ab, läßt ihn abtropfen und verknetet ihn – ganz oder durch

dreißig oder vierzig Sorten feil. Als ich mich über dieses reiche Angebot verwunderte, verkündete die Tante mit Stolz, ihr Vaterland bringe rund zweitausend Käsearten hervor – genau gezählt habe sie noch niemand. Daß ihr unter dieser Vielzahl der **bleu de Bresse,** die Spezialität ihrer Geburtsstadt, besonders teuer war, versteht sich.

Bleu de Bresse ist einer der vielen Blaukäse Frankreichs, die – im Gegensatz zum König der Gattung, dem Roquefort – nicht aus Schaf-, sondern aus Kuh- oder Ziegenmilch, in vielen Fällen auch aus einer Mischung beider hergestellt wird. Er ähnelt seinem dänischen Vetter und dem lombardischen Gorgonzola. Die einfach und schnell zu machende, aber delikate Aperitif-Zugabe, zu der Tante Mélanie der bleu de Bresse diente, kann darum gut auch aus den beiden letztgenannten, überall erhältlichen Blaukäsen hergestellt werden.

Biscottes au fromage bleu – Blaukäse-Zwiebacke:

8 Zwiebacke, 50 g Roquefort oder Blaukäse, 50 g frischer Weißkäse (Petit Suisse), 30 g Butter, 30 g zerstoßene Nüsse, etwas Cayenne-Pfeffer.

Der Blau- und der Weißkäse werden mit einer Gabel solange bearbeitet, bis eine gleichmäßige, geschmeidige Masse entsteht. Man fügt die zerstoßenen (oder grob gemahlenen) Nüsse dazu, gibt eine Messerspitze Cayenne-Pfeffer bei und arbeitet alles noch einmal tüchtig durch. Nun werden die Zwiebacke dünn bebuttert, mit der Käsemasse bestrichen, rasch im heißen Ofen oder auf dem Grill erhitzt und warm serviert.

Von diesen Zwiebacken abgesehen, wurden die französischen Käsesorten ausschließlich mit Rot- oder Portwein zum Nachtisch gereicht; für die Küche verwendete die Tante nur Emmentaler, Greyerzer und Parmesan.

Einer ihrer Käsespezialitäten hatte sie den Namen **délicieuses** – die Köstlichen – gegeben.

Sie wurden ebenfalls zum Aperitif serviert oder kamen als leichte Vorspeise auf den Tisch. **Délicieuses au fromage:**

375 g geriebener Emmentaler, 6 Eiweiß, feines Paniermehl, Öl für das Ausbacken.

Das Eiweiß wird zu steifem Schnee geschlagen und mit dem geriebenen Käse vermischt. Aus dieser Masse formt man kleine Kugeln von der Größe einer Walnuß, wälzt sie in Paniermehl und bäckt sie in siedendem Öl aus. Die Käsekugeln müssen nach der Zubereitung des Teiges unverzüglich frittiert und noch heiß aufgetragen werden, sonst fallen sie zusammen. Auch muß frisch geriebener Käse verwendet werden.

Gleichfalls als Vorspeise verfertigte die Tante eine Art Miniatur-Aufläufe. Sie hießen **Suprêmes au fromage:**

½ l Milch, 3 Eier, 60 g geriebener Emmentaler, Salz und Pfeffer.

Die Milch wird leicht gesalzen und gepfeffert und zum Sieden gebracht. In einer Schüssel zerklopft man die Eier wie für eine Omelette, gießt unter ständigem Rühren mit dem Schneebesen die heiße Milch dazu und mischt zuletzt den geriebenen Käse darunter. Nun buttert man kleine, feuerfeste Förmchen, füllt sie mit der Masse, stellt sie ins heiße Wasserbad und gibt sie für eine Viertelstunde in den vorgeheizten Ofen. Die Förmchen werden auf eine vorgewärmte, flache Schüssel gestürzt und die »Suprêmes« mit heißer Tomaten-Sauce übergossen.

Zu fast allen Suppen, stets aber zu Fleisch- und Hühnerbrühe wurde frischgeriebener Käse gereicht. Manchmal aber spielte der Käse auch die Hauptrolle; so bei **Crème de parmesan:**

1 ½ l Milch, 4 Eßlöffel Mehl, 100 g Butter, 4 Eier, 125 g geriebener Parmesan, Salz und Muskatnuß.

75 g Butter werden geschmolzen, das Mehl dazugegeben und eine Schwitze geröstet, die keine Farbe annehmen darf. Die leicht gesalzene Milch wird dazugegossen, worauf man die Suppe 12 bis 15 Minuten unter gelegentlichem Umrühren leise kochen läßt. Man zerklopft die Eier in einer Tasse, zieht den Topf vom Feuer, gibt zuerst die Eier und dann den Käse dazu, rührt gut um, damit keine Knollen entstehen, gibt den Rest der Butter in Flokken bei und trägt sogleich auf.

Das schweizerische Nationalgericht, die **fondue,** kam erst auf den Tisch, wenn die Tage gegen Ferienende kühl und neblig wurden. Tante Mélanie nannte den geschmolzenen, über einer Spiritusflamme brodelnden Käse **fondue savoyarde,** denn sie behauptete, die Waadtländer hätten das Rezept ihren südlichen Nachbarn abgeguckt. Sei dem wie ihm wolle – ihre Savoyarden-Fondue schmeckte akkurat wie eine waadtländische oder neuenburgische. Manchmal aber machte sie die fondue statt mit Weißwein mit Bier, und das war auch nicht schlecht. Hier das Rezept für **Fondue à la bière – Bier-Fondue:**

200 g Käse, halb Emmentaler, halb Greyerzer, ½ l helles Bier, 1 Dessertlöffel Tomatenmark, 1 Kaffeelöffel Kirschwasser, 1 Prise Maizena, 1 Prise Cayenne-Pfeffer.

Das Bier wird im Fondue-Pfännchen (caquelon) solange eingedampft, bis nur noch knapp zwei De-

ziliter Flüssigkeit übrigbleiben. Man gibt den kleingeschnittenen Käse, das Tomatenmark und eine Prise Cayenne-Pfeffer bei und bringt die Masse unter ständigem Rühren zum Schmelzen. Das Maizena wird mit dem Kirschwasser angerührt und zugegeben. Man läßt noch wenige Augenblicke köcheln und serviert dann auf einer Spiritusflamme wie die klassische Fondue.

Die **fondue à la bière** wurde auch für die Zubereitung von **Croûtes au fromage – Käseschnitten** verwendet. Die Tante röstete vier große oder acht kleine Weißbrotschnitten im Ofen, legte damit den Boden einer leichtgebutterten, feuerfesten Form aus, machte eine fondue à la bière nach dem vorhergehenden Rezept, goß sie über die Brotschnitten und überbuk rasch bei großer Oberhitze.

Die Kinder des Apothekers Parmentier. Alle Gerichte, die auf französischen Speisekarten den Zunamen »Parmentier« tragen, bestehen zur Hauptsache aus Kartoffeln. Ich hatte geglaubt, Herr Parmentier sei ein berühmter Koch gewesen, aber Tante Mélanie belehrte mich, daß es sich um einen

Apotheker handle, der in deutscher Gefangenschaft die bis dahin in Frankreich fast unbekannte Kartoffel schätzen gelernt und 1773 durch den Traktat *Examen chimique des pommes de terre* in seiner Heimat populär gemacht habe.

Wohl der berühmteste unter den Namensträgern des Kartoffel-Pioniers ist der **Potage parmentier – Kartoffelsuppe:**

500 g Kartoffeln, 300 g Lauch, 70 g Butter, 1 großes Glas Milch, Salz und Pfeffer, geröstete Brotwürfel.

Die Hälfte der Butter wird zum Schmelzen gebracht; darin dämpft man das in feine Ringe geschnittene Weiße der Lauchstengel, bis es etwas Farbe angenommen hat. Man löscht mit 1 - 1 ½ Liter Wasser ab, gibt die rohen, in kleine Würfel geschnittenen Kartoffeln dazu, salzt, pfeffert und kocht auf lebhaftem Feuer eine halbe Stunde. Dann gießt man die Milch bei. Inzwischen werden Altbrotwürfel in wenig Butter geröstet und in die Suppenschüssel gelegt. Darüber wird die Suppe durch ein grobes Sieb angerichtet, worauf man ihr den Rest der Butter in kleinen Stücken beigibt.

Kartoffeln als Fleischzutat kamen bei Tante Mélanie in mehr als zwei Dutzend Varianten auf den Tisch. Am besten schmeckten mir ihre **pommes boulangère.** Darunter versteht man im allgemeinen jene Kartoffeln, die geschält und ganz belassen zusammen mit dem Fleisch gebraten werden. Tante Mélanie hingegen machte sie so; **Pommes de terre boulangère – Kartoffeln nach Bäckerinart:**

8 mittelgroße Zwiebeln, 70 g Butter, 2 Eßlöffel Öl, 1 kg Kartoffeln, Salz, Pfeffer.

Die Zwiebeln werden zerkleinert und in 50 g Butter und dem Öl geröstet, bis sie Farbe angenommen haben. Man nimmt sie aus dem Fett und stellt sie warm. Nun werden die Kartoffeln geschält und in dünne Scheiben geschnitten. Eine gebutterte, feuerfeste Form legt man mit einer Lage Kartoffeln aus, salzt, pfeffert, gibt eine Schicht Zwiebeln darüber, wiederholt die Prozedur solange der Vorrat reicht und bedeckt mit einer Schicht Kartoffeln. Das Bratenfett der Zwiebeln wird darübergegossen und gerade soviel Wasser zugegossen, daß auch die oberste Kartoffelschicht benetzt ist. Man bäckt im Ofen, bis die Kartoffeln gar sind, was in einer halben Stunde der Fall sein dürfte.

Als Vorspeise, gelegentlich aber auch als leichtes Hauptgericht machte die Tante **Pommes de terre farcies – Gefüllte Kartoffeln:**

10 große Kartoffeln, 2 Schalotten oder 1 Zwiebel, 60 g Butter, 100 g Speckwürfel, 1 Ei, 1 Eßlöffel Petersilie, 1 Eßlöffel Schnittlauch, Salz und Pfeffer.

Zwei Kartoffeln werden in der Schale weichgekocht, die andern acht roh geschält, der Länge nach in zwei Hälften geschnitten und sorgfältig ausgehöhlt. Nun zerdrückt man die beiden weichgekochten Kartoffeln und vermengt sie mit den Speckwürfeln, den feingehackten Schalotten, dem kleingeschnittenen Grünzeug, Pfeffer und Salz. Die Kartoffelhälften werden mit Butter ausgestrichen, mit der Farce gefüllt und auf einem gebutterten Kuchenblech gebacken.

Weniger Zeitaufwand erfordert ein anderes, bäurisches Kartoffelgericht **Pommes de terre au lard – Speckkartoffeln:**

600 g Kartoffeln, 125 g Speckwürfel, 10 kleine Zwiebelchen, 3 ½ dl Fleischbrühe, 1 Eßlöffel Butter, 1 Eßlöffel Mehl, 1 Eßlöffel gehackte Petersilie, Salz und Pfeffer.

In einem verschließbaren Topf wird die Butter

geschmolzen; darin röstet man die Speckwürfel und die Zwiebelchen. Man nimmt sie heraus, macht im Bratenfett eine blonde Mehlschwitze, löscht sie mit der Fleischbrühe ab, kocht die Sauce auf, gibt ihr die in grobe Stücke geschnittenen Kartoffeln, den Speck und die Zwiebelchen bei, vermengt alles gut, setzt den Deckel auf, kocht das Gericht im Ofen bei mittlerer Hitze gar, richtet es in einer Schüssel an und überstreut es mit gehackter Petersilie.

Was den Kartoffelsalat betraf, so mußten in Tante Mélanies Küche die Erdäpfel so heiß wie immer möglich mit der Salat-Sauce vermengt werden, um eine innige Vermählung des Öls mit dem Salatgut zu gewährleisten. Als ich, Jahrzehnte später, die berühmte Office-Szene in Jean Renoirs Film *La règle du jeu* sah, in der der Koch des Barons dieselbe Wahrheit verkündet, mußte ich an meine verbrannten Finger denken, die ich mir als Junge beim Kartoffelschälen geholt hatte . . . **Salade de pommes de terre – Kartoffelsalat:**

500 g Kartoffeln, 2 hartgekochte Eidotter, 1 Teelöffel scharfer Senf, 1 gehackte Schalotte, 4 Eßlöffel Olivenöl, 2 Eßlöffel Weinessig, Salz, Pfeffer.

Die hartgekochten, noch warmen Eidotter werden mit der sehr fein gehackten Schalotte, dem Senf, Salz und Pfeffer, Öl und Essig zu einer glatten Sauce verrührt und mit den ganz heiß geschälten, in Scheiben geschnittenen Kartoffeln vermengt.

Mein Favorit unter Tante Mélanies Kartoffelgerichten war der **gratin dauphinois.** Es gibt ihn heute als Fertiggericht, doch ist seine Herstellung so einfach, daß man auf diese Eselsbrücke verzichten kann. **Gratin dauphinois:**

750 g Kartoffeln, ½ l Milch, 1 Ei, 125 g geriebener Emmentaler, 50 g Butter, Muskatnuß, Knoblauch, Salz und Pfeffer.

Die Kartoffeln werden geschält, gewaschen und sorgfältig abgetrocknet. Man schneidet sie in Scheiben von einem halben Zentimeter Dicke, gibt Salz, Pfeffer und Muskatnuß dazu und vermengt alles gut.

In einer Schüssel wird das Ei verklopft, leicht gesalzen und mit der Milch verrührt. Eine feuerfeste Form wird mit Knoblauch ausgerieben und gebuttert. Man legt sie mit einer Schicht Kartoffeln aus, benetzt sie mit der Eiermilch und streut etwas Käse darüber, wiederholt die Prozedur, belegt die oberste Schicht dicht mit Käse und Butterflocken und gießt den Rest der Milch dazu. Man bringt auf dem Herd zum Kochen, deckt zu und schiebt den Gratin für eine halbe Stunde in den mittelheißen Ofen. Dann hebt man den Deckel ab und überbäckt während weiteren zehn Minuten.

Die Zarten aus dem Garten. Wenn ich an Tante Mélanies Kochkünste denke, geschieht es nicht ohne Wehmut; am wehmütigsten aber wird mir bei der Erinnerung an ihre Gemüseplatten. Nicht, daß sie da besondere Kniffe angewendet hätte – ihr Geheimnis bestand lediglich in der Gartenfri-

sche der Zuckererbsen und Karotten, Bohnen, Salatköpfe und so fort. Das Bestreben der Tante ging denn auch ausschließlich dahin, den zarten Wohlgeschmack der frisch gepflückten oder aus der Erde gezogenen Gartenkinder zu erhalten und zur Geltung zu bringen. Darum wurde das Gemüse nur dann vorgängig abgekocht, wenn das aus Gründen des Garwerdens unumgänglich war – beim Sellerieknollen zum Beispiel. In den meisten Fällen aber ging die Tante so vor, daß sie dem Kochgut nur ganz wenig Wasser beigab, es ein paar Minuten zugedeckt kochen ließ, dann den Deckel abhob, so daß alle Flüssigkeit verdampfte, worauf ein Stück Butter hinzugefügt und das Gemüse gargeschmort wurde. Diese Methode galt auch meinem Lieblingsgericht, den navets – kleinen weißen Rüben, die man jenseits der französischen Grenzen zu meinem Kummer selten oder nie auf dem Markt findet; desgleichen den noch ganz jungen, zarten Karotten; **Carottes à la Vichy:**

1 kg zarte Karotten, 60 g Butter, 30 g Zucker, Petersilie, Salz.

Die Karotten werden geputzt und in möglichst feine Scheiben geschnitten. Man gibt sie in einen Topf und fügt nur gerade soviel Wasser bei, daß sie knapp damit bedeckt sind. Butter, Zucker und Salz werden dazugegeben. Nun läßt man bei ganz kleinem Feuer solange köcheln, bis sich die Flüssigkeit zu sirupartiger Konsistenz verdickt hat. Darin wendet man die Karotten, bis sie leicht Farbe angenommen haben. Diese Zubereitungsart erfordert Aufmerksamkeit und Handfertigkeit, doch lohnt das Ergebnis jede Mühe.

Mit den Zuckererbsen – sie sind den heutigen Hausfrauen leider nur noch in Büchsenform bekannt! – hielt es die Tante so; **Petits pois à la française – Zuckererbsen nach französischer Art:**

500 g ausgepellte Zuckererbsen, 200 g Butter,

1 Zwiebel, 1 Zweig Petersilie, 1 kleiner Salatkopf, 1 Prise Salz, 2 Eidotter, ½ Glas Wasser.

Der Salatkopf wird mit Bindfaden zusammengebunden und mit den Erbsen, dem Petersilienzweig, der ganzen Zwiebel und dem halben Glas Wasser in einen Topf gegeben. Man salzt leicht und setzt den Topf auf starkes Feuer. Nach einigen Minuten verschließt man den Topf hermetisch, stellt das Feuer klein und kocht die Erbsen gar, was 20 bis 25 Minuten dauern dürfte. Inzwischen verklopft man zwei Eidotter, nimmt den Salat, die Petersilie und die Zwiebel heraus, zieht den Topf vom Feuer, gießt die Eidotter über die Erbsen, rührt ein paarmal um und gibt das Gemüse in eine vorgewärmte Schüssel.

Diese Zubereitungsart à la française eignet sich nur für ganz zarte Erbsen; sind diese schon etwas hart, so eignen sie sich besser für **Petits pois au lard – Zuckererbsen mit Speck:**

500 g ausgepellte Erbsen, 150 g Speckwürfel, 8 kleine Zwiebelchen, 50 g Butter, 1 Dessertlöffel Zucker, Salz und Pfeffer.

Die Speckwürfel werden auf schwachem Feuer in der Butter angebraten, die Erbsen, die Zwiebelchen, Salz und Pfeffer dazugegeben und alles eine halbe Stunde auf kleinstem Feuer gedämpft. Dann gibt man den Zucker bei und läßt nochmals eine Viertelstunde köcheln.

Sellerieknollen finden außerhalb Frankreichs meist nur als Gewürz in Fleischsuppen und allenfalls für Salat Verwendung. Tante Mélanie machte daraus auch **Céleri à la crème – Sellerieknollen mit Sahne:**

2 große Sellerieknollen, 50 g Butter, 1 Kaffeelöffel Maizena, 2 Eidotter, 2 dl Sahne, Salz, Pfeffer, Muskatnuß.

Die Sellerieknollen werden geschält und in feine Stengelchen oder Würfel geschnitten, in Salzwasser abgekocht und in einem Sieb abgetropft. Man läßt die Butter schmelzen, gibt den Sellerie dazu, stäubt Maizena und etwas Muskatnuß darüber, salzt, pfeffert, gießt ganz wenig Wasser dazu und läßt eine Viertelstunde köcheln. Dann verrührt man die Eidotter mit der Sahne, gibt sie über das Gemüse, rührt rasch um, zieht den Topf vom Feuer und richtet an.

Gekochtem Kopfsalat sind wir schon bei den **petits pois à la française** begegnet, doch wurde er von der Tante auch als selbständiges Gemüse zubereitet; **Laitue à la française – Gedämpfter Kopfsalat:**

2 Salatköpfe, 50 g Butter, 50 g Speckwürfel, 1 Zwiebel, 1 Glas Weißwein, Saft einer halben Zitrone, 8 Pfefferkörner, geröstete Brotwürfel.

Die Salatköpfe werden von den äußeren Blättern befreit, der Höhe nach in zwei Hälften geschnitten und in leicht gesalzenem Wasser halb weichgekocht. Man läßt sie abtropfen und bindet sie mit Bindfaden zusammen. Nun gibt man die Butter, die Speckwürfel, die in Scheiben geschnittene Zwiebel und die Pfefferkörner in eine Bratpfanne, legt die Salathälften darauf, bedeckt sie mit Pergamentpapier und schiebt sie in den vorgeheizten Ofen. Sobald sie zu braten anfangen, begießt man sie mit dem Wein und dem Zitronensaft und dämpft sie unter mehrmaligem Begießen gar. Vor dem Auftragen ent-

fernt man den Zwirn, legt eine vorgewärmte Schüssel mit gerösteten Brotwürfeln aus und richtet darüber an.

Als letzte Gemüsespezialität Tante Mélanies sei ihr Gurkenrezept erwähnt. **Concombres à la moutarde – Gurken in Senf-Sauce:**

2 Gemüsegurken, 1 Glas Öl, 1 Zitrone, 1 Eßlöffel gewürzter Senf, 1 Eßlöffel gehackte Petersilie, Salz und Pfeffer.

Die Gurken werden geschält, der Länge nach halbiert, von den Kernen befreit und in kleine Würfel geschnitten. Man gibt sie in siedendes Salzwasser, blanchiert 2 bis 3 Minuten, gibt sie in ein Sieb und schreckt sie unter dem kalten Wasserstrahl ab. In einem Topf verrührt man das Öl, den Saft einer Zitrone, den Senf, etwas Salz und Pfeffer, gibt die Gurken dazu, dämpft auf ganz kleinem Feuer zehn Minuten und streut nach dem Anrichten gehackte Petersilie darüber. Dieses Gurkengemüse kann warm und kalt gegessen werden.

Die zu Unrecht verachteten Dörrgemüse. Tante Mélanie mokierte sich über ihre Schwägerinnen, die im Sommer und Herbst tagelang in der Küche standen, um Gemüse und Früchte einzuwecken. »Alles Ding hat seine Zeit«, sagte sie, »warum sollen wir das ganze Jahr grüne Bohnen und Butterbirnen es-

sen? Außerdem schmeckt alles Eingeweckte fad!« Die Tarte hat die ungleich schmackhafteren tiefgefrorenen Gemüse nicht mehr erlebt, doch hätten wohl auch diese sie nicht davon abgehalten, in der kalten Jahreszeit ihre geliebten Dörrgemüse auf den Tisch zu bringen.

König unter Tante Mélanies »Dörrgerichten« war der **cassoulet toulousain.** Die Herstellung dieser Götterspeise aus weißen Bohnen, Schweinshaxe, Hammelbrust, eingemachter Gans und vielen Zutaten ist aber so aufwendig und zeitraubend, daß ich raten möchte, sie beim nächsten Frankreichbesuch in einem renommierten Restaurant zu genießen. Die Tante machte indessen aus gedörrten weißen Bohnen auch andere Köstlichkeiten. Dabei ging sie folgendermaßen vor: Die Bohnenkerne wurden über Nacht eingeweicht. Anderntags wurde das Wasser abgegossen; dann setzte man die Bohnen mit frischem, lauwarmem Wasser auf schwaches Feuer und erwärmte sie bis zum Siedepunkt. Nun ließ man sie im Kochwasser erkalten und aufquellen, was ungefähr eine Stunde dauerte. Dann waren sie kochbereit. Zum Beispiel für **Haricots blancs à la provençale – Weiße Bohnen nach provenzalischer Art:**

500 g gedörrte weiße Bohnen, 4 Eßlöffel Olivenöl, 1 Knoblauchzehe, 4 Sardellenfilets, 1 Eßlöffel Butter, Salz und Pfeffer.

Die eingeweichten und aufgequollenen Bohnenkerne werden mit dem Öl und dem Knoblauch in einen Topf gegeben, gesalzen und gepfeffert und weichgekocht. Dann zerreibt man die Sardellenfilets, vermengt sie mit der Butter, erwärmt die Paste ein wenig und rührt sie unter die Bohnen.

Auch Linsen zählten zu den Wintervergnügen auf Tante Mélanies Küchenzettel. Sie kochte sie ebenfalls *à la provençale,* das heißt nach dem vorhergehenden Rezept, mit Vorliebe aber als

Hauptgericht mit Speck. Das waren dann **Lentilles à la ménagère – Linsen nach Hausfrauenart:**

250 g Linsen, 1 Zwiebel, 2 Karotten, 1 Selleriestengel, 1 Knoblauchzehe, 1 Eßlöffel Mehl, Petersilie und Lorbeerblatt, 200 g Räucherspeck, 1 Eßlöffel Schweinefett, Salz und Pfeffer.

Die Linsen werden mit viel kaltem Wasser aufs Feuer gesetzt, zum Kochen gebracht und sofort abgegossen.

In einem Topf läßt man die Zwiebel, die Karotten und den Selleriestengel – alles fein geschnitten – in Schweinefett etwas Farbe annehmen, stäubt das Mehl darüber, rührt um, gibt die Linsen dazu, ebenso den Speck, das bouquet garni (Petersilie und Lorbeerblatt), pfeffert reichlich und salzt wenig, gießt soviel Wasser bei, daß das Kochgut knapp bedeckt ist, setzt den Deckel auf und läßt anderthalb Stunden leise köcheln. Wenn die Linsen gar sind, richtet man sie in einer vorgewärmten Schüssel an, schneidet den Speck in Scheiben und legt ihn auf das Gericht.

Was die getrockneten gelben Erbsen betrifft, so gestand die Tante, daß sie diese erst in ihrer Wahlheimat entdeckt habe; in Frankreich seien Dörrerbsen nur als Einlage im potage Saint-Germain bekannt. Das Rezept, das sie mir hinterließ, dürfte denn auch ein Zwitter aus alemannischer Tradition und französischem savoir faire sein. **Pois secs entiers – Ganze gedörrte Erbsen:**

350 g gedörrte Erbsen, 500 g Räucherspeck, 1 Stange Lauch (Porree), ½ Zwiebel, 20 g Mehl, 50 g Butter, ½ Zitrone, Salz und Pfeffer.

Die Erbsen werden über Nacht eingeweicht

und mit dem Speck und dem ganzen Lauchstengel auf sanftem Feuer weichgekocht. In einem Pfännchen röstet man das Mehl in der Butter hellbraun, verrührt darin die feingeschnittene, halbe Zwiebel und gibt alles zu den Erbsen. Erst jetzt wird Salz und Pfeffer und – wenn nötig – etwas Wasser hinzugegeben. Man läßt noch eine Viertelstunde köcheln, nimmt vor dem Anrichten die Lauchstange heraus, schneidet den Speck in kleine Würfel und mischt ihn unter die Erbsen.

Für die gelben Erbsen, die Tante Mélanie erst bei uns schätzen gelernt hatte, revanchierte sie sich mit einem Dörrgemüse ihrer Heimat, den **pois chiches.** Diese heißen auf deutsch Kichererbsen, sind aber bei unszulande meist nur dem Namen nach bekannt, während sie in der französischen, italienischen, spanischen und nordafrikanischen Küche eine große Rolle spielen. Sie genießen diese Beliebtheit sehr zu Recht, denn sie haben einen eigenartigen, würzigen Geschmack, der so delikat ist, daß man sie am besten nach italienischer Art genießt. Dort werden sie einfach weichgekocht, noch heiß mit etwas Salz, schwarzem Pfeffer und kaltgepreßtem Olivenöl gewürzt, mit etwas Essig beträufelt und warm gegessen. Ihr einziger Nachteil besteht in einer ungewöhnlich langen Kochzeit: vier Stunden! Dieser aber wird durch den mit nichts anderem zu vergleichenden Wohlgeschmack der Kichererbsen mehr als wettgemacht. Hier Tante Mélanies Rezept, das sie als junge Frau von ihrer Hochzeitsreise in Spanien mitgebracht hatte. Es verlangt **chorizos,** doch kann man diese durch ungarische Paprikawürste oder eine andere, scharf gewürzte Schweinswurst ersetzen. **Pois chiches à la catalane – Kichererbsen nach katalanischer Art:**

500 g Kichererbsen, 1 Zwiebel, mit Nelken besteckt, 1 Karotte, 1 Bouquet garni, 100 g Räucherspeck, 2 Eßlöffel Olivenöl, 100 g Chorizos oder Paprikawurst, 3 Eßlöffel Tomatenmark, 1 Pfefferschote, Knoblauch, Salz und Pfeffer.

Die über Nacht eingeweichten Kichererbsen werden mit der besteckten Zwiebel, der Karotte, dem bouquet garni, dem Speck, der Pfefferschote und den Würsten drei Stunden gekocht. Dann nimmt man die Zwiebel und das bouquet garni heraus, schneidet den Speck und die Würste klein, mischt sie mit dem Tomatenmark unter die Kichererbsen, salzt, pfeffert, gibt den feingeschnittenen Knoblauch dazu, gießt das Olivenöl auf die Oberfläche, so daß es eine Art Deckel bildet und läßt noch eine Stunde weiterköcheln.

Veilchen im Salat. Zu meinen frühesten kulinarischen Erinnerungen zählen die grünen Salate meiner Tante Mélanie. Denn diese kamen im Frühling mit Veilchen bestreut auf den Tisch, während sie später im Jahr die himmelblauen Blütensterne des Boretsch verschönerten. Ja, manchmal leuchte-

immer neue Köstlichkeiten, von denen die meisten allerdings nicht nach dem Hauptgericht, sondern als Vorspeise gereicht wurden.

Ihr Prunkstück war die **salade russe**, für die sie folgende Zutaten benötigte: Karotten, weiße Rüben (navets), grüne Bohnen, Zuckererbsen, Blumenkohl auf der Gemüse- und Lachs, Zunge, Schinken, Huhn und Sardellen auf der Fleisch- und Fischseite. Aus dieser Aufzählung geht hervor, daß sich ein klassischer Russischer Salat nur für eine zahlreiche Tischgesellschaft eignet. Für eine normale Besetzung von vier bis fünf Essern machte die Tante

Salade de bœuf bouilli – Rindfleischsalat:

300 - 400 g kaltes Rindfleisch, 4 mittlere Kartoffeln, 1 Zwiebel, 1 Glas Weißwein, 1 Eßlöffel Essig, 5 Eßlöffel Öl, 3 Tomaten, 1 Eßlöffel Kerbel, Salz, Pfeffer.

Die in der Schale gekochten Kartoffeln werden noch heiß geschält, in Scheiben geschnitten, in die Salatschüssel gelegt, leicht gesalzen, mit einem Glas Weißwein und einem Löffel Öl übergossen. Während sie erkalten, sollen sie diese Marinade vollständig aufsaugen. Nun wird die Zwiebel in feine Scheiben geschnitten, desgleichen die Tomaten, beides zu den Kartoffeln gegeben und alles sorgfältig vermengt. Man bedeckt den Salat mit papierdünnen Rindfleischtranchen und übergießt alles mit einer Vinaigrette aus 1 Eßlöffel Essig, 3 Eßlöffel Öl, Salz und Pfeffer, streut den gehackten Kerbel darüber und serviert das Gericht als Vorspeise oder als leichten Lunch.

Gab es als ersten Gang eine Tranche Terrine oder Pastete, so wurde dazu ein ungekochter Selleriesalat – **salade de céleri-rave** – gereicht. Für diesen rechnete die Tante pro Person 125 g Sellerie; das heißt, daß sie für vier Esser von 750 g ungeputzten Sellerieknollen ausging. Diese wurden geschält, auf dem Gemüsehobel in feine Streifen geschnitten und in kochendem Salzwasser kurz blanchiert. Dann wurde eine Mayonnaise mit doppelt soviel Essig wie üblich angemacht und diese gut mit dem Sellerie vermischt.

Diente der Sellerie als eigenständiger Salat, so wurde er nicht bloß blanchiert, sondern weichgekocht und mit etlichen Zugaben bedacht. **Salade de céleri-rave cuit – Gekochter Selleriesalat:**

400 - 500 g Sellerieknollen (geputzt u. gewogen), 2 harte Eier, 1 kleine Büchse Sardellenfilets, 1 Eßlöffel gehackte Kräuter, 1 Tasse Mayonnaise, 2 Selleriestengel, 1 Kopfsalat, Salz und Pfeffer.

Die geschälten Sellerieknollen werden eine halbe Stunde in Salzwasser gekocht und dann in kleine Würfel geschnitten. Man vermischt die sehr fein gehackten Kräuter mit der Mayonnaise, schneidet die Selleriestengel in ganz dünne Scheiben, vermischt alles gut, richtet auf Salatblättern an und dekoriert jede Portion mit Sardellenfilets und Eierscheiben.

Sardellen spielten in Tante Mélanies Salatprogramm eine große Rolle. Sie gab sie, zusammen mit gehackten harten Eiern, an den sonst etwas faden Blumenkohlsalat; sie dienten ihr zum »Interessantmachen« des Kartoffelsalats; sie mischte sie mit Zwiebelringen und Basilikum unter den Tomatensalat.

Auch Käse wurde zur Salatbereitung beigezogen. Bisweilen wurde die Vinaigrette für Kopf-, Feld- oder andern grünen Salat mit einer tüchtigen Portion zerkrümeltem Roquefort gewürzt; in andern Fällen spielte der Käse die erste Geige. So bei **Salade de haricots verts au gruyère – Bohnensalat mit Schweizer Käse:**

1 kg grüne Bohnen, 150 g Emmentaler oder Greyerzer, 1 Zweiglein Estragon, Öl, Essig, Salz und Pfeffer.

Die Bohnen werden in Salzwasser nicht ganz weich gekocht, abgetropft und sobald sie ausgekühlt sind, mit Öl, Essig, Salz und Pfeffer angemacht. Dann läßt man den Salat mindestens eine Stunde ziehen. Vor dem Auftragen schneidet man den Käse in kleine Würfelchen, hackt den Estragon sehr fein und vermischt beides gut mit dem Bohnensalat.

Das unvermeidliche Süße. Bei Tante Mélanie wurde jedes Essen unweigerlich von einer Süßspeise gekrönt. Dabei konnte es sich um ein einfaches Kompott handeln oder aber um eine mit viel Liebe und Zeitaufwand elaborierte **charlotte aux amandes**, um einen deliziösen **soufflé au citron** oder

um eine **génoise aux cerises**, die um und um in Schlagsahne gehüllt und mit kandierten Veilchen dekoriert war. Ihre Favoriten aber waren jene Schaumschlägereien, die auf französisch **mousses** heißen, und die verschiedenen Spielarten des **bavarois.**

Der bavarois – er wird in neueren Kochbüchern meist **bavaroise** genannt, war aber in Tante Mélanies Wortschatz eindeutig männlichen Geschlechts –, der bavarois also ist eine gelierte, mit Schlagsahne aufgelockerte, gestürzte Crème, die mit Schokolade, Kaffee-Extrakt, Vanille oder Beeren aller Art parfümiert wird. Aus Tante Mélanies reichem Repertoire notiere ich **Bavarois aux framboises – Himbeer-Bavarois:**

½ l Schlagsahne, 4 Eier, ½ l Milch, 1 Vanilleschote, 400 g Zucker, 250 g Himbeeren (oder eine andere Beerensorte), 7 Blatt Gelatine.

Die Milch wird mit der gespaltenen Vanilleschote gekocht. Dann gibt man die Beeren mit 250 g Zucker in eine Schüssel, läßt sie etwas Saft ziehen und dickt sie dann auf kleinem Feuer ein. Nun trennt man das Weiße der vier Eier von den Dottern, verrührt die letzteren in einer Schüssel solange mit 150 g Zucker, bis eine luftige Masse entsteht, gibt diese in ein Sauce-Pfännchen und bringt sie unter ständigem Rühren mit dem Schneebesen bis knapp unter den Siedepunkt, nimmt das Pfännchen vom Feuer und läßt die Crème erkalten. Inzwischen schlägt man die Sahne steif. Wenn die Crème noch lauwarm ist, zieht man die in kaltem Wasser aufgeweichte Gelatine darunter. Ist sie vollends kalt, werden die Schlagsahne und die Beeren darunter gemischt, die Crème in eine geölte Puddingform gefüllt und kalt gestellt. Wird anstelle eines Beerenkonzentrats frische Ananas verwendet, so kocht man diese nicht, sondern mariniert sie kleingeschnitten mit einem Glas Rum und gibt sie mit der Schlagsahne der Crème bei.

Ebenso leicht herzustellen und vielseitig wie der bavarois ist die **mousse.**

Man unterscheidet zwischen »gebackenen« und »ungebackenen« **mousses.** Zu den ersteren gehört **Mousse aux abricots – Aprikosenschaum:**

1 Pfund Aprikosenkonfitüre, 6 Eiweiß, 1 Eßlöffel Butter, 250 g Aprikosenkonfitüre für die Sauce.

Das Eiweiß wird so steif wie möglich geschlagen, mit einem Pfund Aprikosenkonfitüre vermengt, in eine gebutterte, feuerfeste Puddingform gegeben, diese ins heiße Wasserbad gestellt und darin im vorgeheizten Ofen eine halbe Stunde gebacken. Inzwischen macht man ein halbes Glas Aprikosenkonfitüre auf schwachem Feuer flüssig, gießt diese Sauce über die Mousse und serviert beides warm.

Ebenfalls mit Hilfe eines Wasserbades hergestellt, dann aber eisgekühlt wird **Mousse au citron – Zitronenschaum:**

150 g Zucker, 3 Eier, 2 Zitronen, Johannisbeer-Gelee für die Sauce.

Die Eier werden in Eiweiß und Dotter getrennt, dann rührt man die letzteren mit dem Zucker und dem Saft der beiden Zitronen schaumig, erhitzt die Masse im Wasserbad, bis sie sich zu verdicken beginnt, nimmt den Topf vom Feuer, hebt das steifgeschlagene Eiweiß darunter und gibt die Mousse in eine Schale und stellt sie kalt. Vor dem Servieren dekoriert man mit ebenfalls eisgekühltem Johannisbeer-Gelee.

Überhaupt nicht mit dem Feuer in Berührung kommt **Mousse aux fraises – Erdbeerschaum:**

350 g Erdbeeren, 1 Kaffeelöffel Zitronensaft, 2 Eiweiß, ¼ l Sahne, 100 g Zucker, 1 Prise Salz.

Die Erdbeeren werden geputzt, gewaschen, durch ein Sieb getrieben und mit dem Zitronensaft und einer Prise Salz vermischt. Nun werden zuerst die Sahne und dann das Eiweiß zu steifem Schnee geschlagen. Man zuckert die Sahne und zieht sie mit dem Schneebesen unter das Erdbeermus. Zuletzt wird der Eierschnee löffelweise unter die Crème gehoben und die Mousse mehrere Stunden kaltgestellt.

Die populärste Spielart der Mousse-Familie heißt Schokoladenschaum. Er ist das Entzücken kochender Kinder und der Stolz vieler kochender Junggesellen. Für seine Herstellung gibt es verschiedene Rezepte, die aber alle ungefähr auf dasselbe hinauslaufen. Tante Mélanie schwor auf die Formel »viermal drei«, die den Vorteil hat, leicht im Kopf behalten zu werden. **Mousse au chocolat – Schokoladenschaum:**

3 große Riegel Kochschokolade, 3 Eßlöffel Zucker, 3 Eßlöffel Sahne, 3 Eier.

Die Schokolade wird zerkleinert, im Wasserbad zum Schmelzen gebracht und mit dem Kochlöffel zu einem gleichmäßigen, geschmeidigen Brei verrührt. Wenn er sich zu einer dicklichen Masse verfestigt hat, nimmt man ihn vom Feuer und rührt ihm die zerklopften Eidotter, die Sahne und den Zucker unter. Dann wird das Eiweiß zu steifem Schnee geschlagen, unter die Schokoladenmasse gezogen und die Mousse mehrere Stunden kaltgestellt.

Nah verwandt mit der **mousse au chocolat,** aber etwas raffinierter ist die **Marquise au chocolat:**

250 g Kochschokolade, 100 g Butter, 4 Eiweiß, 4 Eidotter, 1½ Eßlöffel Zucker, 1 Dessertlöffel Kirschwasser.

Die zerkleinerte Schokolade wird im Wasserbad flüssig gemacht. Man nimmt sie vom Feuer und vermengt sie mit der Butter (die Zimmertemperatur haben muß), dem Zucker und den Eidottern. Nun wird das Eiweiß zu steifem Schnee geschlagen und zugleich mit dem Kirschwasser sorgfältig unter die Schokoladenmasse gehoben. Dann wird die »Marquise« eisgekühlt.

Abschied mit Kuchen und Torten. Tante Mélanie war eine leidenschaftliche Kuchenbäckerin. Im Sommer und Herbst buk sie jeden zweiten, dritten Tag einen wagenradgroßen Früchtekuchen. Der stand dann im »Salon«, einem selten benutzten, immer halbverdunkelten Zimmer, zu jedermanns Verfügung. Wenn wir Kinder nach Hause kamen, galt der erste Gang darum immer dem »Salon«, wo wir uns mit einem Riesenstück Kirschen-, Aprikosen-, Zwetschgen- oder Apfelkuchen bedienten.

Das Thema Früchtekuchen zählte zu den Streitobjekten meiner in kulinarischen Dingen rivalisierenden Tanten Mélanie und Klara. Die letztere war Partisanin des Eiergusses, einer Crème aus Eiern, Sahne, Milch, Zucker und etwas Vanille, die vor dem Backen über die ausgelegten Früchte gegossen wurde; Tante Mélanie hingegen fand, daß durch diese Zutat das Fruchtaroma beeinträchtigt werde. Sie machte den Früchtekuchen aus Mürbeteig, den sie dünn auswallte und, wenn das Kuchenblech damit ausgelegt war, einige Male mit einer Gabel durchstach, um das »Werfen« beim Backen zu vermeiden. Dann wurde der Teigboden mit Zucker bestreut und mit den Früchten kreisförmig oder dachziegelartig belegt. Das Geheimnis ihres Erfolges bestand darin, daß sie etwas Konfitüre derselben Fruchtart mit einem Löffelchen zwischen die Aprikosen oder Zwetschgen praktizierte.

In den Monaten ohne frische Früchte ersetzten Blätterteigschnitten – mille-feuilles –, die mit Konfitüre gefüllt waren, den Früchtekuchen. **Mille-feuilles aux confitures:**

400 g Blätterteig, Konfitüre nach Geschmack, 1 Tasse Schlagsahne, Zuckerguß (fakultativ).

Der Blätterteig wird halbzentimeterdick ausgewallt und in Streifen von fünf Zentimeter Breite und zehn Zentimeter Länge geschnitten. Diese gibt man auf ein eingeöltes Kuchenblech und bäckt sie einige Minuten. Man läßt sie auskühlen, bestreicht dann eine Schnitte mit Konfitüre, legt darauf eine zweite, mit Schlagsahne beschmierte und auf diese eine dritte mit Konfitüre. Die vierte, als Deckel dienende, kann man mit Glasierzucker bestreuen. Bevor die Mille-feuilles aufgetragen werden, gibt man sie einige Augenblicke in den heißen Backofen.

Unter den vielen Torten und Törtchen in Tante Mélanies Repertoire war der **baba au rhum** mein Favorit. Man benötigt dazu eine kranzförmige Springform, die in Frankreich unter dem Namen moule à savarin bekannt ist; der »Baba« kann aber auch in Portionenförmchen gebacken werden, doch sollten diese ringförmig sein. **Baba au rhum:**

200 g Mehl, 10 g Hefe, 2 Eier, 1 Tasse Milch, 75 g Butter, 1 Kaffeelöffel Zucker, 1 Prise Salz, 100 g kandierte Früchte, ½ l Zuckersirup, 1 Glas Rum.

Man gibt das Mehl, die Eier und die in etwas lauwarmer Milch aufgelöste Hefe in eine Schüssel und verarbeitet alles gut während zehn Minuten. Aus diesem Teig wird ein Laib geformt, der in einem mit Tuch bedeckten Gefäß an einen nicht zu kühlen Ort gestellt wird.

Nach einer Stunde soll der Teig sein Volumen verdoppelt haben. Nun verknete man ihn mit dem Zucker, dem Salz, der Butter und den kandierten Früchten während weiteren fünf Minuten und gibt ihn dann in die ringförmige Springform, wobei man darauf achtet, daß diese nur halbvoll wird. Man gibt sie in den schwach geheizten Ofen und wartet, bis der Teig aufgegangen ist. Jetzt gibt man starke Oberhitze und läßt den Baba schön goldbraun werden. Die ganze Backzeit dürfte drei Viertelstunden betragen. Man läßt den Kuchen in der Form erkalten. Dann stürzt man ihn und tränkt ihn mit einer Mischung aus einem halben Liter Zuckersirup und einem Glas Rum. Man kann ihn vor dem Auftragen oben mit Aprikosenkonfitüre bestreichen; die Tante hatte dafür den Ausdruck »abricoter le baba«.

Ein delikates Gebäck, dessen Teig immer schon am Vorabend zubereitet wurde, und das lauwarm auf den Tisch kam, war **Tarte aux amandes – Mandelkuchen:**

Für den Teig: 200 g Mehl, 100 g Butter, 1 Ei, Backpulver, 2 Eßlöffel Zucker, 1 Prise Salz. Für die Garnitur: 200 g geröstete Mandeln, 200 g Zucker, 2 dl Sahne, 1 Eßlöffel Cointreau.

Aus den genannten Zutaten und soviel Wasser, daß ein nicht mehr an den Fingern klebender Teig entsteht, wird eine sogenannte »pâte brisée« geknetet, die man über Nacht an einem kühlen Ort ruhen läßt. Anderntags wird der Teig ausgewallt, und damit eine gebutterte Kuchenform ausgelegt. In einer Schüssel vermengt man die gerösteten und zerstoßenen Mandeln, den Zucker, die Sahne und den Likör, gibt die Masse auf die Teigunterlage und bäckt im Ofen 25 Minuten. – Anstelle von Cointreau kann auch Grand Marnier, Curaçao, Maraschino oder ein anderer süßer Likör verwendet werden.

Die Erinnerungen aus Tante Mélanies Küche

seien beschlossen mit dem Rezept für eine Leckerei, die in den französischen Kochbüchern **Reine de Saba** heißt; wir taufen sie um in **Entremets tante Mélanie:**

3 Eier, 125 Butter, 125 g bittere Schokolade, 125 g Zucker, 60 g geschälte Mandeln, 50 g Mehl, ¼ l Sahne, ½ Glas sehr starker Kaffee.

Die Mandeln werden im Mörser sehr fein zerstoßen. In einem Pfännchen bringt man die zerbröckelte Schokolade mit dem Kaffee – der auch mit Pulverkaffee zubereitet werden kann – zum Schmelzen und bearbeitet diesen Teig, bis er gleichmäßig geschmeidig ist. Nun fügt man nacheinander die zerstoßenen Mandeln, den Zucker, das Mehl und eines nach dem andern – die drei Eier hinzu, wobei man nach jeder Beigabe tüchtig umrührt. Diese Masse wird in eine gebutterte Puddingform gegeben und diese im Wasserbad während vierzig Minuten in die heiße Ofenröhre gestellt. Man läßt erkalten, stürzt und überzieht mit der steifgeschlagenen Sahne.

Register

Aal-Frikassee . . . 36
Aprikosenschaum . . . 155

Baba au rhum . . . 159
Beeten, rote, mit Senf-Sauce . . . 17
Blätterteigschnitten . . . 158
Blaukäse-Zwiebacke . . . 124
Blumenkohlsuppe . . . 29
Bœuf à la mode . . . 44
Bohnen, weiße, nach provenzalischer Art . . . 142
Brotsuppe . . . 29

Champignon-Schnitten . . . 38
Consommé Célestine . . . 25
Consommé printanier . . . 25
Consommé royal . . . 25
Crème de parmesan . . . 126
Croque-Monsieur . . . 38
Croûtes au fromage . . . 127

Délicieuses au fromage . . . 125

Eier nach Großmutterart . . . 111
Entrecôte à la Bercy . . . 46
Erbsen, ganze, gedörrte . . . 143
Erdbeerschaum . . . 155

Fasan nach elsässischer Art . . . 78
Fleischextrakt . . . 10
Fondue mit Bier . . . 127
Forellen, rote . . . 34
Früchtekuchen . . . 158

Geflügelpastete . . . 41
Geflügel-Terrine . . . 92
Gurken in Senf-Sauce . . . 139

Hahn in Burgunder . . . 72
Hammelhals-Ragout . . . 87
Hammelschulter, gefüllte . . . 67

Hausmachernudeln, gratiniert 119
Hechtklöße, Lyoner Art 35
Himbeer-Bavarois 154
Huhn mit Estragon 104
Huhn, gekochtes, mit Reis 73
Huhn nach Jägerart 75
Hühner-Frikassee mit Estragon-Sauce 74

Kalbsherz, gefülltes 51
Kalbshirn, überbackenes 40
Kalbskopf mit Pilz-Sauce 54
Kalbsleber mit Estragon 56
Kalbsmilkenschnitten 55
Kalbsnieren, flambiert 50
Kalbsnieren mit Steinpilzen 57
Kalbs-Ragout, bürgerlich 48
Kalbs-Ragout mit Auberginen 85
Kalbszunge, gekochte 49
Karotten à la Vichy 136
Karottensuppe 28
Kartoffeln nach Bäckerinart 130
Kartoffeln, gefüllte 131
Kartoffeln, gratinierte 133
Kartoffeln mit Speck 131
Kartoffelsalat 132
Kartoffelsuppe 130
Käse-Omelette 110
Kichererbsen nach katalanischer Art 145
Kopfsalat, gedämpft 138
Krebse im »kurzen Sud« 37

Lammkoteletten, paniert 66
Lamm-Ragout mit Pfefferschoten 69
Lammvoressen, weißes 68
Linsen nach Hausfrauenart 143
Lauchsuppe 30

Makkaroni, gratinierte 120
Mandelkuchen 160
Marquise au chocolat 156
Mehlbutter 11
Mehlschwitze 12

Nudelteig 117

Ochsenfleisch, geschmort (Bœuf à la mode) 44
Ochsenfleisch nach Burgunderart 45

Pilze, geschmorte, mit Knoblauch 103
Pot-au-feu 20

Quenelles de viande 19

Reine de Saba 161
Reis in Bouillon 112
Reis mit Pfefferschoten 113
Reis mit Pilzen 113
Rindsherz in Rotwein 84
Riz à l'Impératrice 115
Rohgemüseteller 15
Rühreier 109
Rühreier, grüne 110

Salade niçoise 17
Salat, Bohnen-, mit Käse 151
Salat, Löwenzahn- 148
Salat, Rindfleisch- 149
Salat, russischer 149
Salat, Sellerie-, gekochter 150
Salat, Sellerie-, roher 150
Sahnenudeln 119
Sauce à la dijonnaise 62
Sauce béarnaise 93
Sauce Béchamel maigre 97
Sauce Madère 109
Sauce Mornay 98
Sauce soubise 95
Schinken in Sahne-Sauce 60
Schinkenschaum 61
Schokoladenschaum 156
Schweinsfilet an Spießchen 63
Schweinspfeffer 86
Schweinskoteletten in Sahne-Sauce 61
Sellerieknollen mit Sahne 137
Selleriewurzel in Senfsauce 16

Senf-Sauce, braune 49
Spiegeleier auf Käsekruste 39
Spinatnudeln, breite 118

Tomates à l'antibonoise 18
Tomaten, gratiniert, provenzalisch 103

Wachteln, gebratene 79
Wachteln, gefüllte 79
Wildkaninchen-Ragout 80

Zitronenschaum 155
Zuckererbsen mit Speck 137
Zuckererbsen nach französischer Art 136
Zwiebeln, gefüllte 19
Zwiebelsuppe 30
Zwiebelsuppe, überbackene 31

Bibliographie

Emmeline Raymond: Le Nouveau Livre de Cuisine. Paris. 1890
J. Ed. Richardin: L'Art du Bien Manger. Paris. 1913
La Cuisine de Madame Saint-Ange. Paris 1958
Prosper Montagné: Nouveau Larousse Gastronomique. Paris 1960
Raymond Oliver: La Cuisine. Paris 1965
Mapie de Toulouse-Lautrec: La Cuisine de Mapie. Paris 1967